Sonderausgabe zum 20-jährigen Jubiläum des Elisabeth Sandmann Verlags 2024
© 2024, Elisabeth Sandmann Verlag GmbH, München
Alle Rechte vorbehalten.

Kein Teil des Werkes darf in irgendeiner Form (durch Fotografie,
Mikrofilm oder andere Verfahren) ohne schriftliche Genehmigung des
Verlages reproduziert oder unter Verwendung elektronischer Systeme
verarbeitet, vervielfältigt oder verbreitet werden.

Umschlag, Innenseiten und Satz: Schimmelpenninck.Gestaltung, Berlin
Herstellung und Lithografie: Jan Russok, RR Creative Service
Druck: Bittner print s.r.o., Bratislava

ISBN 978-3-949582-30-1

Besuchen Sie uns im Internet unter www.esverlag.de

STEFAN BOLLMANN

SAGT NIE, DAS IST NORMAL

*Frauen, die denken,
sind gefährlich
und stark*

Inhalt

Vorwort
8
von Stefan Bollmann

Kapitel 1

16
Vordenkerinnen eines neuen Zeitalters

18
Bertha von Suttner
1843–1914 Friedensforscherin

24
Lou Andreas-Salomé
1861–1937 Psychoanalytikerin

30
Simone de Beauvoir
1908–1986 Philosophin

36
Alva Myrdal
1902–1986 Soziologin

40
Margaret Mead
1901–1978 Anthropologin

43
Hannah Arendt
1906–1975 politische Theoretikerin

Kapitel 2

48
Mutige Frauen in der Wissenschaft

50
Marie Curie
1867–1934 Physikerin

Lise Meitner
1878–1968 Kernphysikerin

57
Rachel Carson
1907–1964 Biologin

61
Jane Goodall
*1934 Verhaltensforscherin

Kapitel 3

66
Kämpferinnen für die Rechte der Frauen

68
Olympe de Gouges
1748–1793 Frauenrechtlerin

73
Emmeline Pankhurst
1858–1928 Frauenrechtlerin

79
Simone Veil
1927–2017 Politikerin

85
Alice Schwarzer
*1942 Frauenrechtlerin

———— Kapitel 4 ————

90
Rebellische Zeitzeuginnen

92
Nellie Bly
*1864–1922 Investigativjournalistin
und Weltreisende*

96
Oriana Fallaci
1929–2006 Journalistin

102
Susan Sontag
1933–2004 Publizistin

108
Anna Politkowskaja
1958–2006 Journalistin

114
Taylor Swift
*1989 Songwriterin

———— Kapitel 5 ————

118
Vom Umgang mit der Macht

120
Indira Gandhi
1917–1984 Politikerin

126
Margaret Thatcher
1925–2013 Politikerin

131
Angela Merkel
*1954 Politikerin

138
Michelle Obama
*1964 Rechtsanwältin

———————— Anhang ————————

145
Literatur
Bildnachweis

Vorwort

Leser:in, dies ist ein kämpferisches Buch! Das Denken der Frauen und die weiblichen Schicksale, von denen es handelt, haben mit Passivität und Seelenruhe nichts und mit Sanftmut und Beschaulichkeit wenig zu tun. Das Denken dieser Frauen greift auf die Welt aus und drängt zum Handeln. Die hier vorgestellten Wissenschaftlerinnen und Philosophinnen, Publizistinnen und Politikerinnen stehen für weibliche Lebensentwürfe, die von dem Wunsch geprägt sind, die Welt zu verändern und die Widerstände, auf die sie stoßen, zu überwinden. Frustration und Niedergeschlagenheit angesichts eigener Schwächen und Rückschläge bleiben dabei nicht aus. Doch ist das kein Grund für Resignation, sondern Ansporn, es noch einmal von vorne und anders zu versuchen. Vielleicht war ja der eigene Wille nicht stark, die Urteilskraft nicht wach, der leitende Gedanke nicht überzeugend genug.

Die meisten von uns haben intuitiv ein Bild vom Denken, wie es exemplarisch in Rodins berühmter Skulptur *Der Denker* dargestellt ist. Vornübergebeugt sitzt ein Mann auf einem Stein, den Kopf in die rechte Hand gestützt. Der Blick ist gänzlich nach innen gerichtet. Der Denker ist so stark konzentriert auf sein Denken, dass er nichts von der Umwelt wahrnimmt. Zugleich steht er unter großer Spannung. Die Plastik, für die Rodin als Modell einen Boxer gewählt hatte, sollte ursprünglich Dante Alighieri, den Schöpfer der *Göttlichen Komödie*, darstellen. Doch die Gestaltungskraft eines Dante scheint dem

Denker abzugehen. Die gesamte Spannkraft des muskulösen Körpers hat sich in Schwere verwandelt; alles an der Skulptur strebt nach unten.

Wer denkt, so die Botschaft dieses Denkmals, ist in sich versunken und der Welt abhandengekommen. Schon Dürers berühmte Darstellung der *Melancholie* zeigte eine Frau in einer solchen für unsere Tradition typischen Denkerhaltung. Dennoch waren Philosophie, die Liebe zur Weisheit, und Metaphysik, das Nachdenken über die ersten und letzten Gründe, ja die Wissenschaft seit der Antike fest in männlicher Hand. Und wenn sich Frauen ausnahmsweise auf diesen Gebieten hervortaten, war einigermaßen sicher, dass ein Platz in der Geschichte dafür nicht vorgesehen war.

Ändern sollte sich das Bild des Denkens im 18. Jahrhundert, dem Zeitalter der Aufklärung, das in der Französischen Revolution gipfelte. Nicht der »Nachbeter«, der die Vorgaben der Tradition kritiklos übernimmt, sondern der »Selbstdenker«, der sich des eigenen Verstandes ohne Leitung eines anderen bedient und sich gegen die philosophischen, wissenschaftlichen, kirchlichen und staatlichen Autoritäten stellt, wurde nun zum Leitbild des Denkens und ist es bis heute geblieben. Zugleich wuchs das Denken über sich hinaus. Denn der Kampf um Aufklärung kann nicht dabei stehenbleiben, lediglich das Denken von den Vormündern zu befreien. Die im Kopf erlangte Selbstständigkeit muss sich im Leben bewähren. Die mündig werdenden Menschen spüren die Herausforderung, ihr Leben selbst in die Hand zu nehmen und zu gestalten. Sie bilden einen eigenen Willen aus und entwickeln Interesse an der bestehenden Welt, um sie ihren Bedürfnissen entsprechend zu verändern. Der Denker befreit sich von der Schwere des Nachdenkens, schaut sich in der ihn umgebenden Welt um und erhebt sich von seinem angestammten Platz, um sich in einen Gestalter zu verwandeln.

Auch das war erst einmal Männersache. Doch nach und nach fanden sich immer mehr Frauen, die die Begeisterung teilten, selbstständig zu denken und das Leben in eigene Regie zu nehmen. Der Schritt dahin war für sie allerdings mit ungleich größeren Schwierigkeiten verbunden als für ihre männlichen Zeitgenossen, nicht zuletzt, weil gerade sie sich ihnen in den Weg stellten. Immanuel Kant, der größte Philosoph der Aufklärung, hat das genau gesehen. Der mutige Schritt des weiblichen Geschlechts in die Mündigkeit, so seine Beobachtung, gilt nicht nur als beschwerlich, sondern auch als gefährlich. Doch werde die mit der Selbstständigkeit verbundene Gefahr den Frauen in erster Linie von den Männern suggeriert, die, wie Kant ironisch bemerkt, »die Oberaufsicht über sie gütigst auf sich genommen haben. Nachdem sie ihr Hausvieh zuerst dumm gemacht haben und sorgfältig verhüteten, daß diese ruhigen Geschöpfe

ja keinen Schritt außer dem Gängelwagen, darin sie sie einsperrten, wagen durften; so zeigen sie ihnen nachher die Gefahr, die ihnen droht, wenn sie versuchen, allein zu gehen.« Wenn davon gesprochen wird, dass Denken gefährlich sei, muss man also immer fragen: »Gefährlich für wen?« Liegt es vielleicht im Interesse des Warners, die vermeintlich Gefährdeten vom Denken fernzuhalten? Kant war der Auffassung, dass die beschworene Gefahr gar so groß nicht sei; schließlich lerne man gehen, indem man einige Male hinfällt.

Die Geschichte der weiblichen Emanzipation zeigt, dass Kant die Gefahr doch unterschätzte. Dafür steht etwa das Schicksal der Olympe de Gouges, die, nur neun Jahre nachdem Kant das geschrieben hatte, zum Tod durch die Guillotine verurteilt wurde. Die Autorin und Selbstdenkerin hatte der Erklärung der Menschen- und Bürgerrechte von 1789 zwei Jahre später ihre eigene *Erklärung der Rechte der Frau und Bürgerin* hinterhergeschickt. Denn die Erklärung von 1789 sprach zwar von »Menschen«, meinte aber in Wirklichkeit nur die Männer, während den Frauen weiterhin elementare Rechte wie das Wahlrecht, die freie öffentliche Rede und die Selbstbestimmung vorenthalten wurden. Für ihre Freimütigkeit und ihre Forderungen wurde Olympe des Gouges von den Männern des Revolutionstribunals zum Tode verurteilt. Die Gefahr, in die sie sich begeben hatte, kam nicht etwa durch Suggestion zustande, sondern war ganz real, so real wie das Fallbeil, das am 3. November 1793 auf sie niedersauste. Als Olympe de Gouges das Schafott bestieg, wurde auch dem Ansinnen der Frauen, selbst zu denken und das eigene Leben selbstständig zu führen, der Kopf abgeschlagen. Oder es zumindest versucht. Es war ein exemplarischer Fall von Einschüchterung.

Davon sollte sich das Streben der Frauen nach Gleichstellung mit den Männern nicht so schnell erholen. 1847 erschien in England unter Pseudonym der Roman *Jane Eyre* der Pfarrerstochter Charlotte Brontë und wurde ein großer Erfolg, vor allem beim weiblichen Lesepublikum. Er erzählt vom unbeirrbaren Streben der früh verwaisten Titelheldin nach Selbstständigkeit und Selbstbestimmung und bilanziert zugleich den Stand der Frauenfrage Mitte des 19. Jahrhunderts: »Niemand weiß, wieviel stille Auflehnung und Rebellion neben den politischen Revolutionen in den Menschenmassen der Erde gären. Frauen werden im Allgemeinen als ruhige Wesen betrachtet; aber Frauen fühlen ebenso stark wie Männer; sie brauchen Anwendungsmöglichkeiten

---

Die britische Suffragette Emmeline Pankhurst
bei einem Treffen von Frauenrechtlerinnen in der dicht gedrängten
New Yorker Wall Street, 1911.

für ihre Begabungen und Betätigungsfelder für ihre Energien im selben Maße wie ihre Brüder. Sie leiden unter zu starker Behinderung und dem Mangel an Entwicklungsmöglichkeit nicht weniger als Männer, und es ist engherzig, wenn die stärker bevorzugten Mitmenschen meinen, sie sollten sich auf das Puddingkochen, Strümpfestricken, Klavierspiel und Stickereien beschränken.«

Die Emanzipation der Frauen war nie nur ein Kampf für gleiche politische Rechte. Stets ging es darum, sich genauso viele Freiheiten bei der Gestaltung des Lebens herausnehmen zu können, wie die Männer es ganz selbstverständlich taten und bis heute tun. Deswegen dreht es sich beim Thema »denkende Frauen« nicht allein um das Denken und um bestimmte Gedanken, die auf Frauen zurückgehen. Stets präsent ist auch die Frage, wie man leben soll und was man im Leben erreichen kann. Ein Mann mag das trennen können, weil es für ihn in der Regel reicht, in Sache gut zu sein, um ein erfolgreiches und zufriedenstellendes Leben zu führen. Für Frauen reicht das nicht. Bis heute stoßen Frauen bei ihrer Lebensgestaltung auf strukturelle Barrieren, die sich mittlerweile als gläserne Decken tarnen, was ihrer Effektivität jedoch keinen Abbruch tut. Allein schon der Umstand, dass sich die Verbindung von Kindern und Beruf eben nicht von selbst versteht, sondern wohlüberlegt, entschieden und dann umgesetzt werden muss, konfrontiert Frauen stets aufs Neue mit der Frage, wie und was für ein Leben sie führen wollen

Doch das hat auch sein Gutes: Wie man an den 23 Porträts dieses Bandes sehen kann, haben Frauen aus der Notwendigkeit heraus, sich selbst zu definieren, das gängige Bild vom Leben auf den Kopf und vom Kopf wieder auf die Füße gestellt und dabei gehörig verändert. Besonders gut beobachten lässt sich das an den Lebensentwürfen jener Frauen, die kein wissenschaftliches oder politisches Ziel vor Augen hatten oder eine bestimmte Botschaft vermitteln wollten. Die Lebensläufe Lou Andreas-Salomés, Simone de Beauvoirs, Susan Sontags und in mancher Hinsicht auch Angela Merkels haben unsere Vorstellungen davon, was Frauen mit ihrem Leben anfangen und daraus machen können, nachhaltiger verändert als etwa Marie Curie oder Alva Myrdal. Und doch verbindet beide Frauentypen mehr, als sie trennt – nicht zuletzt ein Hang zum Nonkonformismus, die gefährlichste Waffe der notorisch unterschätzten Frauen. »Eigentlich gewinnt immer der, der sich nicht an die Spielregeln hält. Das wollte ich lange nicht glauben, aber es ist so«, hat Angela Merkel einmal gesagt, noch bevor sie Bundeskanzlerin wurde. Eine Leserin der Lebensbilder dieses Buches hat diese Stärke wie folgt beschrieben: »Eine starke Frau geht ihren Weg unbeirrt davon, was die Leute sagen, und tut, was sie für richtig hält. Starke Frauen scheuen sich nicht, die Fähigkeiten, die sie haben, zu nutzen. Sie zögern auch nicht, Gelegenheiten zu ergreifen, wenn sie sich bieten. Sie tun Dinge, die sie sich selbst gar nicht zugetraut hätten – so als hätten sie keine Angst oder als sei diese plötzlich verschwunden.«

Gegenüber 2012, als die erste Auflage dieses Buches erschien, hat sich die weltpolitische Situation stark verändert. Einerseits sind große Fortschritte auf dem steinigen Weg der Gleichberechtigung zwischen Mann und Frau erzielt worden. Exemplarisch dafür kann die Tatsache stehen, dass zunehmend mehr Frauen einflussreiche Positionen bzw. politische Ämter erobern. Es hat sich jedoch als politische und auch sozialpsychologische Naivität herausgestellt, dass die größere Sichtbarkeit und Einflussmöglichkeit von Frauen automatisch mit einer freiheitlicheren Politik einhergeht. Nicht selten sind es rechtspopulistische Parteien, die sich ein weibliches Gesicht gegeben haben. Die bekanntesten Beispiele dafür sind Marine LePen als langjährige Parteivorsitze des französischen Rassemblement National (ehemals Front National), Alice Weidel als Spitzenkandidatin der AfD und Giorgia Meloni von den Fratelli d'Italia als Ministerpräsidentin von Italien. Aber auch in Polen, Norwegen, Dänemark und Ungarn wird man in dieser Hinsicht leicht fündig.

Und es ist auch nicht nur das Gesicht. Vielmehr hat der in Europa wie auch in den USA grassierende Rechtspopulismus das Thema Frauenrechte für sich entdeckt und es in einer Art Quadratur des Kreises geschafft, das Engagement für die Frauen zu einem Bestandteil seiner übergeordneten, zuweilen offen völkischen Ideologie zu machen. Die adressierten Frauen sind dann in der Regel »heimische Mütter«, deren Verteidigung Hand in Hand geht mit einer Dämonisierung des Feminismus, der Abwertung von Frauen mit Migrationshintergrund und einer Einschränkung der reproduktiven Rechte, insbesondere einer Verschärfung der Abtreibungsgesetze. Wir haben es mit einem paradoxen Ineinandergreifen von reaktionären und modernen Elementen zu tun, die auch für viele Frauen die Orientierung erschwert, so dass sie letztlich gegen ihre eigenen Interessen votieren. So sind immerhin 40 Prozent der rechtspopulistischen Wähler:innen Frauen. In dieser schwierigen Situation ist eine Erinnerung an die Ursprünge der Frauenbewegung und eines spezifisch weiblichen Denkens sowie an die großen Gestalten auf diesen Gebieten nicht das Verkehrteste, was man tun kann.

»Ruhe bitte! Genie bei der Arbeit!«
Die italienische Journalistin Oriana Fallaci 1963.

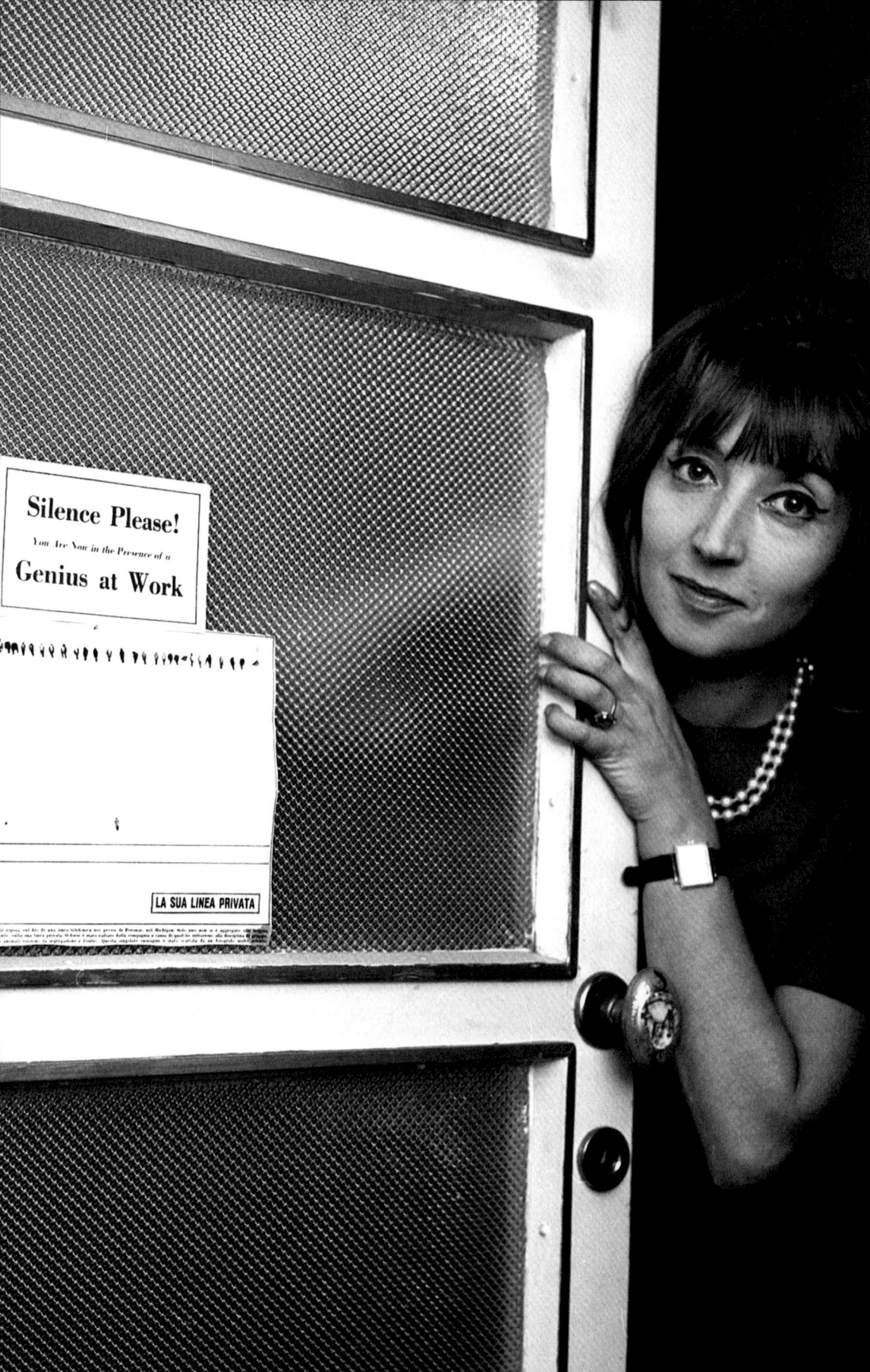

Vordenkerinnen eines neuen Zeitalters

— Kapitel 1 —

Die Lebensgeschichten der sechs Vordenkerinnen dieses Kapitels sind unauflösbar mit dem Ersten Weltkrieg verknüpft. Bertha von Suttner sah ihn kommen und warnte vor ihm, bei Lou Andreas-Salomé markierte er einen letzten Wendepunkt in ihrem Leben und Denken. Bei den anderen – Margaret Mead, Alva Myrdal, Hannah Arendt und Simone de Beauvoir – fielen Kindheit oder Jugend in die Zeit des Krieges bzw. seiner unmittelbaren Folgen.

Man versteht die weibliche Stärke der Frauen dieser Generation nur unzureichend, wenn man sie nicht wenigstens ansatzweise historisch verortet. Wie es die hochfliegenden sogenannten »Ideen von 1914« gab – den Irrglauben, dass der große Krieg die Überwindung von Materialismus, Egoismus und geistiger Lähmung bringen werde –, so gab es die harten Fakten von 1918: Durch die kriegsbedingte Abwesenheit der Männer hatten in vielen Bereichen die Frauen das Ruder übernommen und dadurch an Selbstständigkeit und Selbstbewusstsein zugelegt. Sie waren im Begriff, das Korsett schwerer, undurchdringlicher Hüllen abzustreifen, und das nicht nur bei der Kleidung, verbunden mit einem neuen, freieren Verhältnis zum eigenen Körper, sondern auch in mentaler Hinsicht. Der Krieg hatte viele Ehen unterbrochen oder gewaltsam beendet – und daraus wuchs den Frauen nicht nur das Gefühl von Unsicherheit und Einsamkeit zu, sondern häufig auch eine neue Agenda der Lebensführung, was sich etwa in der Zunahme von Ehescheidungen und gleichgeschlechtlichen Beziehungen niederschlug. Die 17 Millionen Kriegstoten hatten zu einem gigantischen Frauenüberschuss in den kriegführenden Ländern geführt, der das

Alltagsleben, die soziale Atmosphäre und das geistige Klima auf Jahre hin maßgeblich bestimmte. Kurz, der Erste Weltkrieg führte zu einer ungeahnten Beschleunigung der Emanzipation der Frauen.

Das sollte sich mit dem Zweiten Weltkrieg wiederholen. Die Generation der Frauen um Margaret Mead, Alva Myrdal, Hannah Arendt und Simone de Beauvoir war zu dieser Zeit zwischen dreißig und vierzig Jahre alt. Nach dem Ende des Zweiten Weltkriegs blieben ihnen noch über drei Jahrzehnte Lebenszeit, in denen die meisten ihre Hauptwerke schrieben, so auch Simone de Beauvoir. Ihr epochemachendes Buch über die Rolle der Frau, *Das andere Geschlecht*, die Bibel der Frauenbewegung der Nachkriegszeit, erschien 1949. Simone de Beauvoir hat später davon gesprochen, sie sei sich erst mit vierzig, also nach 1945, als sie über sich selbst schreiben wollte, ihrer Stellung als Frau bewusst geworden. Das mag übertrieben sein, das Erscheinen von *Das andere Geschlecht* in der unmittelbaren Nachkriegszeit ist dennoch alles andere als ein Zufall. Auch dieses Mal hatte der Krieg zu einem eminenten Schub in Sachen Selbstständigkeit und Selbstbewusstsein der Frauen geführt. In Deutschland etwa waren 3,76 Millionen Männer gefallen und 12 Millionen in Gefangenschaft. Die männerbeherrschte Welt schien buchstäblich in Trümmer gelegt worden zu sein – und mit ihr der Mythos Mann.

Der Weg zum Frieden

1843–1914

Bertha von Suttner

Im Mai 1913, wenige Wochen vor ihrem siebzigsten Geburtstag, traf der junge Schriftsteller Stefan Zweig zufällig Bertha von Suttner in der Wiener Innenstadt. Nichts war mehr von der Contenance und Gelassenheit zu bemerken, die die Gräfin Kinsky, verheiratete Baronin von Suttner, die erste Frau, die 1905 den Friedensnobelpreis erhielt, gewöhnlich an den Tag legte. »Sie kam ganz erregt auf mich zu«, schildert Stefan Zweig ihre Begegnung in seinem Buch *Die Welt von gestern*: »›Die Menschen begreifen nicht, was vorgeht‹, schrie sie ganz laut auf der Straße: ›Das war schon der Krieg, und sie haben wieder einmal alles vor uns versteckt und geheimgehalten. Warum tut ihr nichts, ihr jungen Leute? Euch geht es vor allem an! Wehrt euch doch, schließt euch zusammen! Laßt nicht immer alles uns paar alte Frauen tun, auf die niemand hört.‹«

Am 1. April hatte sie in ihrem Tagebuch notiert: »Die europäische Situation immer ärger. ... Wie soll so viel gesätes Unkraut nicht aufsprießen, so viel aufgehäuftes Pulver nicht explodieren.« Die größte Bedrohung für den Frieden sah Bertha von Suttner im grassierenden Nationalismus. Es gebe nichts, was das Denken so verfälsche wie das als »Höchstes« betrachtete Nationalgefühl, schrieb sie an ihren Mitstreiter Alfred Hermann Fried, den Friedensnobelpreisträger des Jahres 1911. Für diese These wie für ihre Streitbarkeit für den Frieden wurde die Österreicherin von den einen verehrt, von den anderen indes verspottet, wenn nicht gehasst. Bertha von Suttner starb am 21. Juni 1914, einen Monat später begann der Erste Weltkrieg. Die Urkatastrophe des 20. Jahrhunderts nahm ihren Lauf.

Nichts von ihrem späteren Werdegang war der Tochter eines k. u. k. Feldmarschallleutnants aus dem vornehmen Adelsgeschlecht der Kinskys an der Wiege gesungen. Zu der standesgemäßen Verheiratung, der ersehnten guten Partie, kam es nicht, weil die junge Gräfin Kinsky an der romantischen Vorstellung festhielt, nur einen Mann zu heiraten, den sie liebte. Schließlich war das ererbte kleine Vermögen der Mutter aufgezehrt (der Vater, beinahe fünfzig Jahre älter als die Mutter, war noch vor der Geburt des einzigen Kindes verstorben) und Bertha Anfang dreißig und trotz ihrer guten Ausbildung ohne

Bertha von Suttner, geborene Gräfin Kinsky von Wchinitz und Tettau, erhielt als erste Frau im Jahr 1905 den Friedensnobelpreis.

Auskommen und Beruf. So verdingte sie sich als Gouvernante in der adeligen Familie Suttner und verliebte sich prompt in den sieben Jahre jüngeren Sohn Arthur, und dieser auch in sie. Als das Verhältnis ruchbar wurde, musste sie gehen; auf eine Zeitungsannonce hin und unterstützt durch die Vermittlung der Hausherrin kam sie nach Paris, als Sekretärin zu Alfred Nobel. Der Erfinder des Dynamits und testamentarische Stifter der nach ihm benannten Preise hätte sein gewaltiges Vermögen liebend gerne mit der witzigen und geistreichen Gräfin geteilt – aber sie an der Spitze von Waffenfabriken? Wohl trieb Alfred Nobel die Idee um, einen Sprengstoff von so verheerender Wirkung zu schaffen, dass dadurch Kriege überhaupt unmöglich würden. Doch Bertha erkannte diesen Weg als Irrweg – schon damals soll sie Nobel zur Stiftung eines großen Friedenspreises angeregt haben. Zudem telegrafierte Arthur aus Wien: »Kann ohne dich nicht leben!« Das Paar heiratete ohne Einwilligung der Familie und verbrachte die nächsten Jahre ohne finanzielle Unterstützung fern der Wiener Heimat im Kaukasus. »Und damit begann unsere Schule des Lebens«, schrieb Bertha von Suttner später. Hier sei der Drang in ihnen erwacht, »Erkenntnis zu sammeln«. In der kaukasischen Zweisamkeit begannen beide zu schreiben, Bertha zuerst Feuilletons, dann Fortsetzungsgeschichten im Stil der damals üblichen Frauenliteratur, schließlich ganze Romane. Bei der Rückkehr nach Wien war sie zweiundvierzig Jahre alt; bis sich dann mit *Die Waffen nieder!* der große Erfolg und etwas Wohlhabenheit einstellte bereits sechsundvierzig – für damalige Verhältnisse ein beinahe hohes Alter.

Die Waffen nieder!, der Slogan, mit dem Bertha von Suttner in die Geschichte einging, war ursprünglich der Titel ihres erfolgreichsten Buches, später auch der Name einer von ihr und Alfred Hermann Fried gegründeten Zeitschrift. Die geniale Fügung hatte sie mit der ihr eigenen Hartnäckigkeit gegen den zaudernden Leipziger Verleger durchgesetzt, ebenso wie viele anstößige, da undiplomatische Passagen des Buches.

Der Roman erzählt die Geschichte der österreichischen Adligen Martha, deren Lebensweg durch Kriege bestimmt wird. Marthas erster Mann fällt 1859 in der Schlacht von Solferino, deren Folgen bereits Henri Dunant, der Gründer des Roten Kreuzes, in ihrer ganzen Grausamkeit geschildert hatte. Um ihren zweiten Mann bangt Martha in zwei Kriegen. Als er nach der Schlacht von Königgrätz vermisst wird, macht Martha sich auf, ihn zu suchen. Dabei lernt sie die Hölle der Schlachtfelder kennen, das schier unbeschreibliche Elend und Unglück der Verwundeten. Der Bericht darüber gehört zu den stärksten Passagen des Romans. Nach seiner Heimkehr wenden sich Martha und ihr Mann der Friedensfrage zu. »Es fing bei mir an, eine fixe Idee zu werden: Die Kriege müssen aufhören«, lässt die Autorin ihre Heldin sagen.

Bis 1905, dem Jahr der Verleihung des Friedensnobelpreises an Bertha von Suttner, erlebte der Roman *Die Waffen nieder!* siebenunddreißig Auflagen, übersetzt wurde er in sechzehn Sprachen – vergleichbar nur dem ebenfalls von einer Frau, der US-Amerikanerin Harriet Beecher Stowe, verfassten Roman *Onkel Toms Hütte*. Schon die Zeitgenossen haben die Parallele gesehen, allen voran Tolstoi, der Bertha von Suttner schrieb: »Der Abschaffung der Sklaverei ist das berühmte Buch einer Frau, Frau Beecher Stowe, vorausgegangen; Gott gebe es, daß die Abschaffung des Krieges Ihrem Buch folge.« Bertha von Suttners Roman schließt damit, dass Marthas Sohn den Kampf für den Frieden übernimmt; diese Botschaft fand in der Tat den Beifall Tolstois, weniger hingegen die Romankunst der Autorin, was er ihr gegenüber jedoch verschwieg.

Bertha von Suttner selbst hatte Kriegshandlungen nie kennengelernt, aber sie studierte Geschichtswerke, las Berichte von Kriegskorrespondenten und Militärärzten und sprach mit überlebenden Kriegsteilnehmern – »während dieser Studienzeit wuchs mein Abscheu vor dem Kriege bis zur schmerzlichen Intensität heran. Ich kann versichern, daß die Leiden, durch die ich meine Heldin führte, von mir selber während der Arbeit mitgelitten wurden.«

Wie Harriet Beecher Stowe in *Onkel Toms Hütte* rechnete auch Bertha von Suttner mit der Empfindsamkeit ihrer Leser, ihrer Fähigkeit zur Empathie. Die Gräfin wusste aus Erfahrung, dass ihr Lesepublikum in der Mehrzahl aus Frauen bestand – jenen Leserinnen, die auch zu ihren zuvor geschriebenen Romanen gegriffen hatten. Nicht zuletzt wegen des leidvollen Verlustes von Männern und Söhnen auf dem Schlachtfeld mobilisierte das Friedensthema auch solche Frauen, die ansonsten eher unpolitisch dachten. Zugleich waren viele Frauen, die für die Rechte der Frau eintraten, auch für den Pazifismus zu gewinnen.

Trotzdem wandte sich Bertha von Suttner zeitlebens energisch gegen eine Gleichsetzung von weiblichem Wesen und Friedensliebe, wie es viele Frauenrechtlerinnen propagierten. Sie war klug genug zu wissen, dass die Festlegung der Friedensbewegung auf eine Frauensache deren Zielen geschadet hätte. Nur die »gleichfühlende und gleichberechtigte Zusammenarbeit beider Geschlechter« sei in der Lage, »die Aufgaben der fortschreitenden Menschheitsveredlung« zu erfüllen.

Der Psychologe und Philosoph William James, der ältere Bruder des großen Romanciers Henry James, meinte am Ende des 19. Jahrhunderts, die Maxime jeder zukünftigen Ethik bestehe darin, »auf die Schreie der Verwundeten zu hören« – für das Leiden und die Klage anderer empfänglich zu sein und darin nicht so sehr seinem Verstand als seinem Gefühl zu folgen. Statt von

Umschlag ihres 1889 erstmals erschienenen Buches *Die Waffen nieder!* Das Buch wurde ein Bestseller.

»Veredlung« sprach der Pragmatiker James weniger pathetisch von »Erweiterung«, zielte aber letztlich auf dasselbe: die Menschheit zu vereinheitlichen, eine immer umfassendere Ordnung hervorzubringen. Wie Bertha von Suttner glaubte auch er daran, dass jeder Einzelne dazu seinen Beitrag leisten könne, ja müsse: »Erfinde irgendeine Art, deine eigenen Ideale zu verwirklichen, die auch Bedürfnisse anderer erfüllen wird – dies und nur dies ist der Weg zum Frieden!« Diesen Weg ist die Baronin von Kinsky gegangen.

Die Schule des Lebens

1861–1937

Lou Andreas-Salomé

Um die Verwirklichung der eigenen Ideale ging es auch Lou Andreas-Salomé. Während dieses Lebensprinzip bei Bertha von Suttner zum Engagement für grundlegende gemeinschaftliche Interessen führte, ging es Lou Andreas-Salomé in erster Linie um die eigene Unabhängigkeit und Selbstbestimmung in einer Zeit, in der dies für Frauen keineswegs vorgesehen war. Wer sich selbst verwirklichen will, kämpft erst einmal nur für sich selbst. Tut er das indes auf so exemplarische Weise wie Lou Andreas-Salomé, setzt er auch Zeichen für andere.

Lou stammte aus einer angesehenen und wohlhabenden Sankt Petersburger Familie. Im Alter von neunzehn Jahren machte sie sich in Begleitung ihrer Mutter zum Studium nach Zürich auf. Die dortige Universität war damals eine der wenigen Hochschulen, die auch Frauen zum Studium zuließen. Eine Lungenkrankheit zwang zur Unterbrechung und führte Tochter und Mutter nach Rom, in der Tasche ein Empfehlungsschreiben für Malwida von Meysenbug, eine enge Freundin Richard Wagners und eine emanzipierte, unabhängige Frau, die in Rom einen kleinen Salon unterhielt. Sie machte die zwanzigjährige Lou mit dem zwölf Jahre älteren Schriftsteller und späteren Arzt Paul Rée bekannt. Auf gemeinsamen Spaziergängen durch das nächtliche Rom verliebte er sich rasch in die »junge Russin«, wie Lou im Kreis Malwida von Meysenbugs nur genannt wurde. Rée wiederum war ein guter Freund des damals siebenunddreißigjährigen Friedrich Nietzsche und schwärmte ihm brieflich von der außergewöhnlichen jungen Frau vor. »Sie ist ein energisches, unglaublich kluges Wesen mit den mädchenhaftesten, ja kindlichsten Eigenschaften.« Daraufhin Nietzsche: »Grüssen Sie diese Russin von mir, wenn dies irgend einen Sinn hat: ich bin nach dieser Gattung von Seelen lüstern.«

Das Ergebnis dieser Anbahnungen, denen die älteren Damen fassungslos zusahen, waren Heiratsanträge, sowohl von Rée als auch von Nietzsche. Lou Salomé lehnte freundlich, aber entschieden ab. Freundschaft ja, Liebe nein und Ehe schon gar nicht. Beide Männer gaben vor, sich in dieses Arrangement fügen zu wollen, dem Lou den euphemistischen Namen »Dreieinigkeit« gab. Die

Lou von Salomé, die Peitsche in der Hand haltend,
mit dem Philosophen Paul Rée und dem gemeinsamen Freund
Friedrich Nietzsche im Jahr 1882.

Freundschaft mit Nietzsche hielt nur wenige Monate, die mit Paul Rée immerhin drei Jahre. Erst als er 1886 von ihrer Verlobung mit dem Iranisten Friedrich Carl Andreas erfuhr, sagte er sich endgültig von ihr los.

Die Frage, ob Lou Andreas-Salomé eine berechnende Femme fatale war, die kaltblütig Männerherzen brach, hat schon die Zeitgenossen beschäftigt. Sie selbst hat derlei Anfeindungen ihrer Person das Credo entgegengehalten: »Ich bin Erinnerungen treu für immer, Menschen werde ich es niemals sein.« Traumatisiert durch ihre Beziehung als Jugendliche zu einem älteren, verheirateten Mann, dem charismatischen Prediger Hendrik Gillot, hatte sie frühzeitig eine Agenda ihrer Lebensführung formuliert. »Ich kann weder Vorbildern nachleben, noch werde ich jemals ein Vorbild darstellen können, für wen es auch sei, hingegen mein eignes Leben nach mir selber bilden, das werde ich ganz gewiß, mag es nun damit gehen, wie es mag ... Wir wollen doch sehen, ob nicht die allermeisten sogenannten ›unübersteiglichen Schranken‹, die die Welt zieht, sich als harmlose Kreidestriche herausstellen.« Dieser bewusste Bruch mit der Tradition, in weltanschaulichen Belangen wie bei der Lebensführung, macht Lou Andreas-Salomé zu einer weiblichen Ikone der Moderne. Fortan ging Lou zwei Arten von Beziehungen zum anderen Geschlecht ein: zum einen freundschaftliche mit Männern, die ihr an Alter, Lebenserfahrung und geistiger Entwicklung voraus waren. Diese Beziehungen folgten in der Regel dem Muster des Lehrer-Schülerin-Verhältnisses. Allen erotischen oder sexuellen Avancen entzog sie sich freundlich, aber unnachgiebig. Notfalls erfolgte die Trennung. Auch den fünfzehn Jahre älteren Friedrich Carl Andreas heiratete sie nur unter der Bedingung, niemals die Ehe mit ihm zu vollziehen. Die andere Form der Liebesbeziehung unterhielt Lou mit deutlich jüngeren Männern, die ihr an Erfahrung und Wissen, an Persönlichkeit und geistiger Reife unterlegen waren. Hier war Sexualität zugelassen, und Lou befand sich in der Rolle der Lehrerin und Seelenführerin. Exemplarisch dafür ist ihre Beziehung zu dem vierzehn Jahre jüngeren Rilke, den sie kennenlernte, als sie sechsunddreißig Jahre alt war. In der Liebesbeziehung zu dem jungen, schmächtigen Dichter scheint sie erstmals ihren grundsätzlichen Widerstand gegen eine sexuelle Beziehung aufgegeben zu haben, wohl weil sie sich ihm gegenüber nicht ausgeliefert fühlte und die Entwicklung des Liebesverhältnisses in ihrer Hand wusste.

Angesichts derart verwickelter Lebens- und Liebesverhältnisse wundert es kaum, dass Lou Andreas-Salomé die zu ihrer Zeit sich entwickelnde Psychologie begierig aufsog. Letztlich ist ihr gesamtes schriftstellerisches Œuvre – in erster Linie biografische und weltanschauliche Essays –, aber auch einige dem Symbolismus zuzurechnende literarische Werke, davon bestimmt, auch wenn anfangs noch lebensphilosophische Töne vorherrschen. 1894 erschien ihre psychologische Studie *Friedrich Nietzsche in seinen Werken*, bis heute eines der besten und klügsten Bücher über Nietzsches Persönlichkeit. Sigmund Freuds jüngste Tochter Anna, mit der Lou Andreas-Salomé von 1919 bis zu ihrem Tod über vierhundert Briefe wechselte, las das Buch 1923, fast dreißig Jahre nach seinem Erscheinen, und gab ihrem Erstaunen darüber Ausdruck, dass es vieles von dem vorwegnahm, was seit Freud Psychoanalyse hieß.

Während eines Sommeraufenthaltes in Schweden bei der Reformpädagogin Ellen Key lernte Lou Andreas-Salomé den Psychotherapeuten Poul Bjerre kennen, der sich schon bald in die Riege ihrer jüngeren Liebhaber einreihte. Bjerre war kürzlich bei Sigmund Freud in Wien gewesen und führte Lou nun in die Grundlagen der Psychoanalyse ein. Gemeinsam besuchte das Paar im September 1911 den 3. Psychoanalytischen Kongress in Weimar. Im Oktober des folgenden Jahres machte Lou sich nach Wien auf, um an Freuds Samstagskolleg, einer Vorlesungsreihe zur Einführung in die Psychoanalyse, und an den berühmten Mittwochssitzungen teilzunehmen, bei denen sich die psychoanalytischen Pioniere in Freuds Praxis trafen. Sie hatte ein kleines rotes Buch bei sich, in dem sie ihre Beobachtungen und Reflexionen notierte – es erschien posthum unter dem Titel *In der Schule bei Freud*.

Im Alter von einundfünfzig Jahren gab Lou Andreas-Salomé ihre Schriftstellerexistenz auf und widmete sich von nun an der Psychoanalyse. Sie veröffentlichte Ergebnisse ihrer Forschung in der Zeitschrift für die Anwendung der Psychoanalyse auf die Geisteswissenschaften, *Imago*, führte einige Lehranalysen durch (ohne je selbst eine absolviert zu haben) und eröffnete 1915 in ihrem Göttinger Haus die erste psychoanalytische Praxis der Stadt. Die Psychoanalyse wurde für sie der zentrale Beitrag zur Lebensbewältigung und eine geistige Heimat. Freud bezeichnete Lou als »Dichterin der Psychoanalyse«, sie nannte ihn »das Vatergesicht über meinem Leben«.

Den Sommer 1913, als Bertha von Suttner aufgebracht durch die Straßen Wiens irrte und auf Stefan Zweig einredete, verbrachte Lou Andreas-Salomé mit psychoanalytischen Studien. Ihr Bericht vom 5. Psychoanalytischen Kongress im September 1913 in München, auf dem die unüberbrückbaren Differenzen zwischen Freud und Carl Gustav Jung offensichtlich wurden, ist einer der wenigen überlieferten Augenzeugenberichte. Am Rande des Kongresses blieb Zeit, zusammen mit Freud und Rilke im Hofgarten spazieren zu gehen; aus den Gesprächen, die damals geführt wurden, entstand im November 1915 Freuds kurzer Essay »Vergänglichkeit«. Er endet mit den optimistischen Worten: »Wir werden alles wieder aufbauen, was der Krieg zerstört hat, vielleicht

auf festerem Grund und dauerhafter als vorher.« Nach Kriegsbeginn hatte er an Lou geschrieben: »Glauben Sie noch, daß alle die großen Brüder so gut sind?« Lous Antwort hatte Züge von Resignation nicht verheimlichen können: »Ja: die Sache mit den ›großen Brüdern‹! Alle miteinander sind sie rein des Teufels geworden (Aber das kommt davon, daß Staaten sich nicht psychoanalysieren lassen). Jeden Tag steht man auf für dieselbe Aufgabe: Unfaßliches zu fassen; man arbeitet sich hindurch, durch diese furchtbar verletzende Zeit, wie durch einen starren Dornbusch.« Und an eine Freundin schrieb Lou, wie der Krieg auch

---

Lou Andreas-Salomé (ganz rechts) in einer Laube in
Wolfratshausen mit Frieda von Bülow, Rainer Maria Rilke
und August Endell (v. l. n. r.).

ausgehe, sie werde hinterher nicht mehr so weiterleben können, »mit derselben unendlich jauchzenden Freude«. Ein neues Zeitalter hatte begonnen. *Die Welt von gestern*, wie Stefan Zweig sie nannte, die Welt der Sicherheit, war unwiederbringlich verloren.

Mehr als eine Tochter aus gutem Hause

1908–1986

Simone de Beauvoir

Eine detaillierte Schilderung der kleineren und größeren Umbrüche, die die Zeit des Ersten Weltkriegs für das Leben einer weiblichen Heranwachsenden hatte, verdanken wir Simone de Beauvoir. Schon als junges Mädchen war sie eine genaue, leidenschaftliche Beobachterin der Menschen um sie herum und registrierte aufmerksam die Veränderungen in ihrem Alltag. Die Wohnung blieb kalt, da es an Kohlen fehlte, das Brot war grau, statt der morgendlichen Schokolade gab es »fade Suppen«, Omelettes wurden ohne Eier gemacht, Wein durch ein »aus Feigen gegorenes, abscheuliches Getränk« ersetzt, kurz, »die Mahlzeiten hatten nichts mehr von ihrer früheren Heiterkeit« – so beschreiben es die *Memoiren einer Tochter aus gutem Hause*, die Biografie ihrer Kindheit und Jugend, erstmals 1958 zu ihrem fünfzigsten Geburtstag erschienen.

Des Nachts heulten oft die Sirenen, die Straßenlaternen erloschen, und die Fenster wurden dunkel. Die Welt erschien dem behüteten Mädchen »nicht mehr unbedingt als ein sicherer Ort«: »Durch Bücher, Frontberichte und Unterhaltungen, die ich mitangehört hatte, wurde die Wahrheit über den Krieg mir bewusst: Kälte, Schmutz, Grauen, Blutvergießen, Schmerzen, Todesangst. Wir hatten Freunde und Vettern an der Front verloren.« Obwohl Simone tief gläubig war, befiel sie »atemlose Beklemmung bei dem Gedanken an den Tod, der auf Erden die Leute, die einander lieben, für immer und ewig trennt«. Der Vater verlor im Krieg einen Großteil seines in russischen Aktien angelegten Vermögens, mit der Konsequenz, dass die de Beauvoirs auf einmal zu den »neuen Armen« gehörten: Sie mussten in eine kleinere Wohnung umziehen, fließendes Wasser, eine Heizung und vor allem ein eigenes Kinderzimmer gehörten plötzlich der Vergangenheit an, die Eltern büßten ihren schönen Gleichmut ein, schrien sich häufiger an und stimmten endlose Klagen an, in denen die ganze Menschheit dem Untergang preisgegeben schien. »Es gab die rote Gefahr und die gelbe Gefahr: bald würde aus den fernsten Bereichen der Erde und den tiefsten Niederungen der Gesellschaft eine neue Barbarei hervorquellen und eine Revolution

die Welt ins Chaos stürzen.« Insbesondere der Vater prophezeite diese Katastrophen »mit einer leidenschaftlichen Verve«, die das Kind bestürzte: »Diese Zukunft, die er in so grausigen Farben malte, war ja doch die meine; ich liebte das Leben und vermochte mich nicht damit abzufinden, dass es morgen nur noch ein einziges hoffnungsloses Lamentieren geben solle.«

Simone de Beauvoir schrieb mit *Das andere Geschlecht* ein Jahrhundertbuch.
Foto aus dem Jahr 1957.

Und so regte sich erster Widerspruch gegen den elterlichen Lebensentwurf. Wie die Zukunft auch werde, auf alle Fälle seien es Menschen, die als Sieger aus den Kämpfen hervorgingen, schoss es der jungen Simone durch den Kopf. Wechselte das Glück den Besitzer, brauchte das noch keine Katastrophe sein. Das Andere war nicht unbedingt das Schlechte, und gegenüber der Einförmigkeit des Erwachsenenlebens, die der Tochter insbesondere an den alltäglichen Verrichtungen der Mutter schmerzlich auffiel, womöglich sogar das Bessere. Als der Vater, ein erklärter Gegner der Frauenemanzipation, ihr und der jüngeren Schwester eröffnete: »Heiraten, meine Kleinen, werdet ihr freilich nicht. Ihr habt keine Mitgift, da heißt es arbeiten«, stimmte sie das keineswegs traurig, sondern weckte im Gegenteil ihren Ehrgeiz. Ihr Leben sollte nicht in der ewigen Wiederholung des Gleichen erstarren, es würde zu etwas führen. »Ich zog bei weitem die Aussicht auf einen Beruf der auf Verheiratung vor; das berechtigte doch noch zu Hoffnungen. Viele Leute hatten große Dinge vollbracht, ich würde eben das gleiche tun.«

Die Einlösung dieses ehrgeizigen Vorhabens gelang ihr spätestens mit ihrem Jahrhundertbuch *Das andere Geschlecht*. Das in nur zwei Jahren niedergeschriebene Werk war für die einen ein Skandal, für andere eine Offenbarung. Noch Sigmund Freud hatte in seinen Schriften wiederholt vom »Rätsel Weib« gesprochen. Und hier kam nun eine Frau, die auf beinahe tausend Seiten mit ungeheurer Belesenheit und analytischem Scharfsinn die Lösung dieses angeblichen Rätsels darlegte: dass es sich nämlich um eine Mystifikation zum Nutzen und Frommen der Männer handelte, mit dem alleinigen Zweck, ihren Dominanzanspruch gegenüber der Frau zu rechtfertigen und schönzureden. Noch den Begründer der Psychoanalyse sieht die feministische Philosophin in der Tradition, »den Mann als Menschen und die Frau als Weibchen« zu definieren. Jedes Mal, wenn die Frau sich als Mensch verhält, heiße es, sie imitiere den Mann. So wird die Frau zum »anderen Geschlecht«: »Sie wird mit Bezug auf den Mann determiniert und differenziert, er aber nicht mit Bezug auf sie. Sie ist das Unwesentliche gegenüber dem Wesentlichen. Er ist das Subjekt, er ist das Absolute: sie ist das Andere.«

Simone de Beauvoir beschäftigte sich jedoch nicht nur mit den Mythen, die sich um die Frauen rankten, und glich sie mit den Fakten ab. Der weitaus größte Teil des Buches handelt von »gelebter Erfah-rung«. Sie untersuchte die Entwicklung der Frau von der Kindheit bis ins hohe Alter. Sie beschrieb die Lebenschancen, die die Wirklichkeit den Frauen bietet, und jene, die sie ihnen vorenthält. Sie erzählt von den Beschränkungen, denen sie ausgeliefert sind, ihrem Glück und Unglück, ihren Ausflüchten und ihren Leistungen. Das

Finale bilden großartige Passagen über »die unabhängige Frau«, die zugleich mit dem Missverständnis aufräumen, es gehe Simone de Beauvoir darum, jeden Unterschied zwischen Mann und Frau zu leugnen. Die Beziehungen der Frau »zum eigenen Körper, zum männlichen Körper, zum Kind«, so schreibt sie etwa, »werden nie identisch mit denen sein, die der Mann zu seinem Körper, zum weiblichen Körper, zum Kind unterhält«. Dennoch besteht sie darauf, dass Mann und Frau dann am besten miteinander zurechtkämen, »könnten sie einander als Gleiche anerkennen und das erotische Drama in Freundschaft leben«. Wüssten beide ihre Freiheit zu genießen, »hätten sie keine Lust mehr, sich um trügerische Privilegien zu streiten. Sie könnten zur Brüderlichkeit finden.«

Womit Simone de Beauvoir indirekt die zweite Großtat ihres Lebens ins Spiel brachte: die der Öffentlichkeit bekannte, seit Studententagen existierende, unverbrüchliche Beziehung zu dem Philosophen Jean-Paul Sartre. Sie war von Anfang an daraufhin angelegt, die Parole der Revolution, »Freiheit, Gleichheit, Brüderlichkeit«, auf den Mikrokosmos der Liebesbeziehung zu übertragen und zu demonstrieren, dass sich so leben lässt. »Die Arbeit, an die Sartre und ich uns gemacht hatten, die Welt zu annektieren, vertrug sich nicht mit der Routine und den Schranken, wie die Gesellschaft sie errichtet hat«, beschrieb Simone de Beauvoir das sehr selbstbewusste und ehrgeizige gemeinschaftliche Programm in ihrer Autobiografie. Sartre und sie lehnten die Gesellschaft ab und dachten, »der Mensch müsse neu erschaffen werden«.

Für ihre Liebe bedeutete das, jede Form der institutionellen Absicherung zu verachten. Stattdessen demonstrierten sie ihre Zusammengehörigkeit nach außen – daher der Drang, die Öffentlichkeit an ihrem Abenteuer teilhaben zu lassen. Da sie keine gemeinsame Wohnung hatten, bedurfte selbst ein Treffen der Absprache; mit jedem Tag musste die Beziehung gewissermaßen neu erfunden werden. Auch setzten sie ihre Liebe immer wieder starken Belastungen aus, indem sie auf Treue verzichteten und sich zugleich zu bedingungsloser Aufrichtigkeit verpflichteten. Zu Beginn experimentierten sie mit dem, was Lou Andreas-Salomé hochfliegend »Dreieinigkeit« genannt hatte, nur dass in diesem Fall beide Partner eine sexuelle Beziehung zu einer gemeinsamen Freundin aufnahmen, sodass sie noch die Untreue teilen konnten. Aber auch dieser Versuch eines Trios scheiterte. Simone de Beauvoir hat dies in ihrem Roman *Sie kam und blieb* dokumentiert. Dass es mit Sartre gelang, »das erotische Drama in Freundschaft zu leben«, hatte viel mit rationaler, auf Dauerhaftigkeit angelegter Lebensführung zu tun. Leben war für Simone de Beauvoir »ein klar auf ein Ziel gerichtetes Unternehmen«; um das zu erreichen, war es nötig, der Wirklichkeit ins Auge zu sehen und sich deren Härte nicht zu verhehlen. Mit Bedacht

wählte sie ihre Worte, insbesondere wo es um das Verhältnis zu Sartre ging: »Ich habe sorgsam darüber gewacht, dass unsere Beziehungen sich nicht änderten, indem ich genau abwog, was von seiner oder meiner Seite ich zu akzeptieren oder abzulehnen hätte, um sie nur ja nicht in Frage zu stellen.«

Simone de Beauvoir wusste, dass sie keine virtuose Schriftstellerin wie etwa Virginia Woolf war, aber das, so meinte sie, lag auch nicht in ihrer Absicht. Maßstab und lebenslanges Thema waren für sie das Bewusstsein der eigenen Gegenwart in der Welt, von dem sie behauptete, dass es durch die Geschichte

---

Simone de Beauvoir in ihrer Pariser Wohnung im März 1986, aufgenommen von Bettina Flitner.

hindurch und bis heute der Mehrzahl der Frauen fehlen würde. »Ich wollte mich existent machen für die anderen«, resümierte sie einmal ihr Leben, »indem ich ihnen auf die unmittelbarste Weise mitteilte, wie ich mein eigenes Leben empfand: das ist mir in etwa geglückt.«

Reformpolitik aus dem Geist der Wissenschaft

---— 1902–1986 ---—

Alva Myrdal

Nach dem Zweiten Weltkrieg entwickelten Frauen kühne Pläne wie die Einführung der »Mutterfamilie«: die Degradierung der Väter zu bloßen Erzeugern und die Finanzierung der Kindererziehung durch eine Steuer, die Männer und kinderlose Frauen entrichten. In Schweden hatte Alva Myrdal bereits Anfang der Dreißigerjahre die Einrichtung von »Großkinderzimmern« pro Wohnblock vorgeschlagen, in denen die Kinder durch ausgebildetes Personal erzogen werden, während die Mütter arbeiten gehen. Die meisten dieser alternativen Modelle zur Kleinfamilie krankten indes daran, dass sie die Rechnung ohne die Männer machten, statt diese in die Pflicht zu nehmen. Als die Männer dann aus Krieg und Gefangenschaft zurückkehrten, übernahmen sie nach und nach wieder die Tätigkeiten, die die Frauen in ihrer Abwesenheit ausgeübt hatten, als wollten die gebeutelten und häufig orientierungslosen Männer den Frauen beweisen, wer Herr im Hause war und blieb. Und die Frauen ließen es sich, wenn auch unter Murren, gefallen.

Nicht ohne Grund setzt Simone de Beauvoirs Analyse in *Das andere Geschlecht* bei genau dieser Verstrickung an: dem »freiwilligen« Pakt der Frau mit ihrem Unterdrücker, der sie an der Selbstverwirklichung hindert. Diesen schicksalhaften Mechanismus muss außer Kraft setzen, wem es mit der Befreiung der Frau wirklich ernst ist. Simone de Beauvoirs diesbezüglicher kategorischer Rat an die Frauen lautete, nicht zu heiraten und schon gar keine Kinder in die Welt zu setzen. Auch Hannah Arendt blieb kinderlos. Margaret Mead hatte mit ihrem dritten Ehemann, Gregory Bateson, eine Tochter; lediglich Alva Myrdal war Mutter dreier Kinder. Gunnar Myrdal, ihr Mann und der Vater, übernahm allerdings trotz seiner »progressiven«, sozialdemokratischen Ansichten kaum Verantwortung für den Sohn und die beiden Töchter.

Alva Myrdal wurde 1982, im hohen Alter von achtzig Jahren, der Friedensnobelpreis aufgrund ihres Engagements für nukleare Abrüstung verliehen. Von 1962 bis 1973 hatte sie als schwedische Delegierte und Sprecherin der kleinen

und neutralen Staaten an der UNCD, der UN-Konferenz für Abrüstung, mitgewirkt. Sie war dort die einzige Frau unter siebenundsechzig Männern. Ihre ernüchternden Erfahrungen fasste sie in einem Buch mit dem sprechenden Titel *Falschspiel mit der Abrüstung* zusammen. Ihre Botschaft war eindeutig: »Krieg ist Mord. Und die militärischen Vorbereitungen, die heute für eine große Konfrontation getroffen werden, haben den Massenmord zum Ziel.« Ihr Engagement folgte jedoch einem anderen, weniger emotionalen Beweggrund: Sofort nach dem Abitur hatte sie an der Universität von Stockholm neben Philosophie und Psychologie Sozialwissenschaften studiert und wurde zu einer Reformpolitikerin aus dem Geist der Wissenschaft. Aus einer gründlichen Analyse des

Alva Myrdal modernisierte die schwedische Gesellschaft,
indem sie bereits in den 1950er Jahren für die Vereinbarkeit
von Familie und Beruf plädierte.

Problems zog sie klare Folgerungen; sie führten zu bestimmten praktischen Konsequenzen, welche dann soweit wie möglich in konkrete Politik umgesetzt werden sollten.

Zusammen mit ihrem Mann, dem Ökonomen und Professor für Wirtschaftspolitik Gunnar Myrdal, publizierte sie 1934 ein Buch, das zur Blaupause des schwedischen Wohlfahrtsstaates wurde: *Krise in der Bevölkerungsfrage*. Der nüchterne Titel täuscht über die weitreichenden politischen Forderungen des Autorenpaars hinweg, beschreibt aber den Ausgangspunkt ihrer Analyse: den Rückgang der Geburten und die drohende Überalterung der schwedischen Gesellschaft. Die Hauptursache für die Unlust der Schweden, Kinder in die Welt zu setzen, sahen die Myrdals in den schlechten Lebensbedingungen für Familien

---

Alva Myrdal vertrat ihr Land Schweden
auf diversen internationalen Kongressen, so auch auf
der UNESCO-Konferenz 1956 in Neu-Delhi.

mit Kindern. Ihre Forderungen ließen an Konkretheit nichts zu wünschen übrig: Wohnungsbauprogramme, Kindergeld, Mietzuschüsse, kostenlose Ausbildung, Schulfrühstück. Alva Myrdal bestand indes darauf, dass der springende Punkt ein anderer war: die Vereinbarkeit von Familienleben und Berufstätigkeit für die Frau. Mit diesem Thema, das sie auch persönlich stark berührte, beschäftigte sie sich intensiv als Wissenschaftlerin und Politikerin. Ergebnis war unter anderem das zusammen mit Viola Klein 1956 veröffentlichte Buch *Die Doppelrolle der Frau in Familie und Beruf*, eine Studie, die nicht nur Schweden, sondern die Situation der europäischen Nachkriegsgesellschaften insgesamt in den Blick nahm.

Auch hier wartete Alva Myrdal mit konkreten Vorschlägen auf: frauengerechte Arbeitszeiten, organisierte Hilfe bei der Kinderversorgung, Weiterbildung für die Frau, wenn sie für die Familie eine berufliche Auszeit nahm. Selbst Frauen, die die Kindererziehung gänzlich in eigener Regie belassen wollten, brauchten ihrer Rechnung nach auf ein Berufsleben nicht zu verzichten. Zwar ging die Zahl der Geburten zurück, zugleich aber stieg die Lebenserwartung des Einzelnen; so blieb genügend Lebenszeit, Familie *und* Beruf Gerechtigkeit widerfahren zu lassen, gegebenenfalls zeitlich nacheinander. Allerdings mussten die gesellschaftlichen Voraussetzungen dafür geschaffen werden; und die Menschen mussten die Bereitschaft zeigen, planerisch mit ihrer Lebenszeit umzugehen, wie es für Alva Myrdal selbstverständlich war. In Schweden jedenfalls fielen Alva Myrdals Gedanken auf einen fruchtbaren Boden. Das Land reformierte und modernisierte sich und führte als Vorreiter in Europa eine umfassende Kinderbetreuung ein, die es Frauen ermöglichte, berufstätig zu sein.

Die Plastizität des Menschen

1901–1978

Margaret Mead

Simone de Beauvoirs radikale und weitreichende These bestand darin, dass man nicht als Frau geboren, sondern dazu gemacht wird. Näher besehen setzt sich ihre Grundannahme aus zwei Gedanken zusammen: zum einen, dass das Geschlecht, das weibliche wie das männliche, ein soziales bzw. kulturelles Konstrukt ist, und zum anderen, dass wir als Menschen die Freiheit der Wahl haben und uns erst zu dem machen müssen, der wir sind. Demzufolge ist unser Sozialverhalten, einschließlich unseres Verhaltens als Frau bzw. Mann, in jeder Hinsicht formbar und kulturbestimmt. Simone de Beauvoirs Gewährsfrau bei dieser Behauptung war die amerikanische Anthropologin Margaret Mead.

Margaret Mead war nach ihrem Studium an der Columbia University 1925 allein nach Samoa gereist und hatte dort Mädchen und Jungen an der Schwelle zum Erwachsenwerden beobachtet. Als Ergebnis ihrer Forschungen hielt sie fest, dass soziale Verhaltensweisen und Rollen viel weniger geschlechtsbedingt, dafür sehr viel stärker kulturell geformt waren als bislang angenommen. Diese Schlussfolgerungen bestätigten sich auf einer zweiten Forschungsreise, die Mead 1931 zusammen mit ihrem zweiten Mann, dem Anthropologen Reo Fortune, nach Neuguinea unternahm, wo sie drei Stämme vergleichend untersuchte. In einem Stamm traf sie gleichermaßen auf friedfertige und verständnisvolle Männer und Frauen, bei denen Sexualität nur eine geringe Rolle spielte, in einem anderen hingegen verhielten sich beide Geschlechter rücksichtslos und aggressiv, verbunden mit einem ausgeprägten Sexualleben. Und in dem dritten Stamm schließlich fand sie die Geschlechtsstereotypen der eigenen, amerikanischen Kultur geradezu auf den Kopf gestellt, insofern als die Frau Führungsaufgaben übernahm, der Mann hingegen Züge emotionaler Abhängigkeit zeigte. Das Fazit ihrer Recherchen fasste sie in dem berühmt gewordenen Satz zusammen: »Wir werden zu der Folgerung gezwungen, dass die menschliche Natur außerordentlich formbar ist …«

Neben der Frage nach der wissenschaftlichen Sauberkeit und Qualität von Margaret Meads Forschungen drehte sich die bald entbrannte Kontroverse um den von ihr vertretenen Kulturrelativismus darum, wie weit die Formbarkeit

der geschlechtlichen Natur des Menschen wirklich reicht. Dass andere Lebenswelten auch andere Verhaltensweisen im Alltag hervorbringen, leuchtet selbst einem konservativen Gemüt ein. Auch bei der Auffassung, dass Verhaltensweisen, die uns als nicht akzeptabel erscheinen, in einer anderen Kultur womöglich als besonders wertvoll gelten, und umgekehrt, gehen noch viele mit. Die Frage ist allerdings, ob sich aus dem biologischen und nicht wählbaren Geschlecht des Menschen rein gar nichts für sein Verhalten ergibt – eine Annahme, die etwa jeder biologischen Erklärung der Menschwerdung das Fundament entziehen würde. Interessanterweise widerrief Margaret Mead viele ihrer früheren Thesen in dem Buch *Male and Female*, das 1949, zeitgleich mit Simone de Beauvoirs *Das andere Geschlecht* erschien. Nun aber schien sie ins andere Extrem zu fallen, sprach wie Lou Andreas-Salomé vier Jahrzehnte zuvor von einem

---

Margaret Mead forschte über die Formbarkeit
der menschlichen Natur und stellte fest, dass Geschlechterrollen
durch kulturelle Prägung entstehen.

»grundlegenden Unterschied« zwischen den Geschlechtern und hielt die Frauenbewegung für ein gefährliches Unterfangen. Ihre Zerrissenheit zwischen den Positionen spiegelt die Heftigkeit wider, mit der die Debatte um angeboren oder anerzogen – *nature or nurture* –, um Veranlagung und Prägung in Sachen Geschlechtszugehörigkeit seitdem tobt.

Unbestreitbar hat der von Margaret Mead vertretene Kulturrelativismus auf viele Frauen als Befreiungsschlag gewirkt. Nach ihren Beobachtungen und Forschungen gab es eben kein biologisch festgelegtes Modell, das Frau und Mann auf bestimmte Rollen reduzierte. Ein wenig anders verhält es sich mit den daraus zu ziehenden Folgerungen und Empfehlungen. Man kann durchaus der These folgen, dass man nicht als Frau geboren, sondern dazu gemacht wird, ohne zugleich Simone de Beauvoirs Überzeugung zu sein, dass Kinderlosigkeit die beste Voraussetzung weiblicher Selbstständigkeit ist. Die meisten Frauen und Männer führen auch keine intellektuelle Partnerschaft wie Simone de Beauvoir und ihr Lebensgefährte Sartre. Deshalb fühlen sie sich noch lange nicht unfrei, wie oftmals vor zweihundert Jahren, als die sogenannte Konvenienzehe der Normalfall war. Gerade auch die Institution Ehe hat in den letzten Jahrzehnten grundlegende Wandlungen erfahren bis zur »Ehe für alle«, wie sie 2017 vom Deutschen Bundestag verabschiedet wurde. Nicht zuletzt die Analysen von Frauen wie Margaret Mead und Simone de Beauvoir haben maßgeblich zu dieser Liberalisierung unserer Lebensverhältnisse beigetragen.

Ein grundsätzlich nonkonformistisches Denken

1906 – 1975

Hannah Arendt

Ein weiteres und vielleicht das entscheidende Merkmal, das die Vordenkerinnen dieses Kapitels verbindet, ist die Existenz als Außenseiterinnen in ihrer Zeit und ihrer Umgebung. Hannah Arendt hat daraus den Ausgangspunkt ihres gesamten Denkens gemacht. Das fing bei ihrem Judentum an, das 1933 zu ihrer vorübergehenden Verhaftung durch die Gestapo, der Flucht über die Tschechoslowakei nach Paris und schließlich zu ihrer Emigration nach Amerika führte. An den USA schätzte sie besonders, dass man dort »die Freiheit hatte, Staatsbürgerin zu werden, ohne den Preis der Assimilation zahlen zu müssen«. 1944 veröffentlichte sie das Buch *The Jew as Pariah: A Hidden Tradition*. In ihrer bereits 1930 erschienenen Lebensgeschichte der deutschen Jüdin Rahel Varnhagen hatte sie den Außenseiter als Verkörperung des wahrhaft Menschlichen in einer unmenschlichen Gesellschaft betrachtet. Außenseiterin war Hannah Arendt aber auch als häufig einzige Frau in traditionellen Männerzirkeln wie denen der Universitätsphilosophie. Auch hier aber begriff sie ihre Randposition nicht als Schwäche, sondern als Stärke. In Fragen der Theorie und des Verstehens, so ihr Selbstverständnis, haben Außenseiter eine schärfere Einsicht in die Bedeutung des Geschehens um sie herum als diejenigen, die darin mitschwimmen. »Sozialer Nonkonformismus«, meinte sie einmal lakonisch, sei »das *sine qua non* großer intellektueller Leistungen«.

Für Hannah Arendt bedeutete das 20. Jahrhundert mit seinen beiden Weltkriegen einen radikalen Bruch mit der Tradition, nicht nur der Aufklärung, sondern des überlieferten Denkens insgesamt, mit dem, was zu ihren Zeiten abendländische Philosophie genannt wurde. Man mag das von heute aus gesehen als übertrieben empfinden, aber für die mit der Philosophie von Platon, Aristoteles, Augustinus, Kant und Hegel groß gewordene Denkerin war etwa der Existenzialismus Sartres und Simone de Beauvoirs, der den Menschen auf seine nackte Existenz reduzierte, geradezu ein Ausdruck dieses nicht mehr gutzumachenden Verlustes der Überlieferung. Und natürlich wusste Hannah

Arendt, dass man etwas aus guten Gründen verloren haben kann. Deshalb kreiste ihr Denken zunehmend um die Frage des Neuanfangs; Freiheit lag für sie im Anfangenkönnen beschlossen.

Das Problem, wie man einen Neuanfang machen kann, ist logisch unlösbar. Logisch sind Sätze wie: »Wer A sagt, muss auch B sagen«, die im schlimmsten Fall in Alternativlosigkeit münden. Recht besehen aber stellt jeder neugeborene Mensch schon von sich aus einen Neuanfang dar. Was logisch unmöglich

---

Hannah Arendt zählte sich selbst nicht zu den Philosophen, sondern zu den politischen Theoretikern. In jedem Fall ist sie eine der ungewöhnlichsten Denkerinnen des 20. Jahrhunderts.

erscheint, gelingt existenziell. Wer Kinder in die Welt setzt, ermöglicht Neuanfänge. Mag der Faden der Überlieferung gerissen sein, ein Neuanfang ist mit jedem Menschen gemacht, der das Licht der Welt erblickt.

Das traditionelle, metaphysische Denken hatte den Menschen vorrangig vom Tode her betrachtet: von seiner Sterblichkeit. Dies gilt zwar für alle Lebewesen, aber nur der Mensch weiß davon. Strittig war höchstens, was das für ein Wissen ist und wie es zur Verdrängung des Wissens um die Endlichkeit kommt. Letzteres nannte Martin Heidegger, der eine Zeitlang Hannah Arendts Lehrer und Geliebter war, »Uneigentlichkeit«. Als authentisch galt ihm hingegen ein Leben im Angesicht des Todes, das den Menschen aus den Verstrickungen des Alltags herausreißt und ihn mit den letzten und wichtigsten Dingen konfrontiert. Hannah Arendt, die mit Heidegger brach, als er sich den Nationalsozialisten andiente, wechselte die Denkrichtung, indem sie den Versuch machte, den Menschen und auch unser Leben nicht mehr vom Ende, sondern vom Anfang her zu denken: Jeder von uns war einmal Neugeborener. In besonderen, herausragenden Augenblicken des Lebens, etwa wenn wir uns verliebt haben, aber auch wenn wir einer schweren, vielleicht sogar tödlichen Krankheit entronnen sind, fühlen wir uns wie neugeboren. Wie wäre es, wenn wir die Tatsache, dass jeder von uns einen Neuanfang darstellt, zum Leitgedanken unserer Lebensführung machten? Vielleicht nicht permanent, aber zuweilen, in besonderen Augenblicken. Die Kraft des Neuanfangens kennt jeder, der schon einmal vor den Trümmern seiner Existenz oder einer zu Ende gegangenen Epoche gestanden und es geschafft hat, sich in eine neue Lebensform zu retten. Häufig weiß man selber nicht, wie einem dabei geschah. Das ändert nichts daran, dass wir die Fähigkeit haben, uns selbst zu verändern, etwa aus Verhältnissen herauszufinden, die uns entwürdigen, oder abzuschütteln, was uns nicht gemäß ist.

Hannah Arendt konnte der »Frauenfrage« zeitlebens wenig abgewinnen, auch wenn sie 1933 ihren ersten Artikel über ein zeitgenössisches politisches Thema zu dem Buch *Das Frauenproblem in der Gegenwart* von Alice Rühle-Gerstel schrieb. Sie nahm die Besprechung zum Anlass, ihrer Skepsis über eine Frauenbewegung Ausdruck zu geben, die eine »Bewegung nur um der Frau willen« ist, ohne konkrete Zwecke – außer karitative – zu verfolgen. Stattdessen forderte sie die Frauen auf, in die politische Arena einzutreten und für politische Ziele, etwa gleiche Beschäftigungsmöglichkeiten oder gleiche Bildungschancen, zu kämpfen. In der Folge waren es aber die Zusammenhänge von Antisemitismus, Faschismus und totalitärer Herrschaft, die ihre gesamte Aufmerksamkeit beanspruchten. Berühmt wurde ihre ursprünglich für den *New Yorker* geschriebene Reportage »Eichmann in Jerusalem«, in der sie den SS-Obersturmbannführer

und Mitverantwortlichen für die »Endlösung« als eine lächerliche Figur porträtierte, die keinerlei Dämonie oder gar teuflische Züge besaß, sondern deren einziges unverkennbares Kennzeichen »eine merkwürdige, durchaus authentische Unfähigkeit zu denken« war.

Im Auftrag der Zeitschrift *The New Yorker* berichtete Arendt über den
1961 in Jerusalem stattfindenden Prozess gegen Adolf Eichmann. 1963 erschien ihr Buch
Eichmann in Jerusalem. A Report on the Banality of Evil.

Hannah Arendt reagierte auf diese »Banalität des Bösen«, wie sie es nannte, mit dem Gegenentwurf einer Urteilskraft in weltbürgerlicher Absicht. Die alte Maxime der Aufklärung, sich des eigenen Verstandes zu bedienen, verband sie mit einem Sinn für Pluralität: der Fähigkeit, jederzeit »sich an die Stelle jedes anderen denken« zu können (was ein gedankenloser Mensch wie Eichmann gerade nicht vermochte). Zusammen mit der Orientierung an der, wie sie es nannte, »Natalität« des Menschen ist dieser Entwurf einer erweiterten Urteilskraft Hannah Arendts philosophisches Vermächtnis. Sie hätte sich dagegen gewehrt, darin eine weibliche Philosophie zu sehen. Und doch gilt auch für sie als nonkonformistische Philosophin das, was sie von der unorthodoxen und von ihr verehrten Kommunistin Rosa Luxemburg sagte: Sie war »ganz Frau« und bezog gerade daraus ihre Stärke.

Mutige Frauen in der Wissenschaft

―――― Kapitel 2 ――――

Im Jahr 1953, dem ihres fünfundsiebzigsten Geburtstages, sprach die Physikerin Lise Meitner im Sender RIAS Berlin zum Thema »Die Frau in der Wissenschaft«. Mehr als fünfzig Jahre zuvor hatte sie an der Wiener Universität Mathematik und Physik zu studieren begonnen. Um das zu erreichen, hatte es langwieriger Überzeugungsarbeit beim Vater bedurft. Mädchen konnten damals in Österreich die Berechtigung zum Hochschulzugang nur erwerben, indem sie ein externes Abitur ablegten, was seitens der Eltern hohen finanziellen Aufwand und seitens der Schülerin enorme Leistungsbereitschaft erforderte. Mädchen wurden nämlich deutlich strenger beurteilt als Knaben.

Wissenschaft und Frauen waren im Jahr 1901 noch zwei Welten mit kaum existierender Schnittmenge. Seit gerade einmal zwei Jahren waren Frauen in Österreich zum Studium zugelassen (in Deutschland erst ab 1908). »Trotzdem gab es Professoren, die Frauen den Zutritt zu ihren Vorlesungen verweigerten.« Zwar hatte sie damals, so Lise Meitner, schon das eine oder andere über die Frauenfrage gelesen, aber erst später habe sie begriffen, »wie viel Dank speziell jede in einem geistigen Beruf tätige Frau den Frauen schuldig ist, die um die Gleichberechtigung gekämpft haben«.

Mittlerweile hat die Wissenschaft, die Frauen vor einhundert Jahren noch das Denkvermögen absprach, gezeigt, dass die Leistungen von Mädchen und Frauen in den mathematisch-naturwissenschaftlichen Fächern ein zentraler Indikator für den Grad der Gleichberechtigung in einer Gesellschaft sind. Als der damalige Präsident der Harvard University, Lawrence Summers, noch

2005 die Meinung vertrat, Frauen seien mathematisch und naturwissenschaftlich minderbegabt, musste er seinen Hut nehmen. Viele glauben bis heute, der Rücktritt sei aus Gründen der Political Correctness geschehen, in Wirklichkeit seien nämlich die Begabungen auf diesem Gebiet zwischen den Geschlechtern in der Tat ungleich verteilt, nur dürfe man das heute nur noch hinter vorgehaltener Hand sagen. Aber hier irren sie, denn für alle, die so denken, gibt es eine schlechte, aber wissenschaftlich fundierte Nachricht: Nimmt man den Gesamtdurchschnitt, findet man zwischen Mädchen und Jungen in Mathematik und den Naturwissenschaften keinen Unterschied. Vor allem der Anteil besonders leistungsstarker Schüler ist gleich. Wenn Mädchen also schlechter rechnen, hat das vor allem kulturelle Gründe. Wie gut Frauen in Mathematik abschneiden, hängt nicht zuletzt von ihrer Einstellung ab. Glauben sie etwa an genetische Ursachen für den angeblichen Unterschied zwischen Männern und Frauen, so werden auch ihre Ergebnisse davon negativ beeinflusst. Die Physikerinnen Marie Curie und Lise Meitner, die Biologin Rachel Carson und die Affenforscherin Jane Goodall haben sich jedenfalls von solchen gesellschaftlichen Vorstellungen nicht davon abbringen lassen, unbeirrt ihren Weg zu gehen.

Die Entdeckung der Radioaktivität

1867–1934 und 1878–1968

Marie Curie und Lise Meitner

Zwischen den Geburtsjahren von Marie Curie und Lise Meitner liegt kaum mehr als ein Jahrzehnt. Und doch stehen die beiden Physikerinnen für den Anfangs- und einen ersten Endpunkt in einer der spannendsten und folgenreichsten Unternehmungen der modernen Physik: der Entdeckung der Radioaktivität, wie Marie Curie die unsichtbare Strahlung nannte, die bestimmte natürliche Substanzen, etwa Uran, emittierten. Aufgeregt verfolgte die junge Lise Meitner in Wien die Zeitungsberichte über die Arbeit von Marie und Pierre Curie in ihrem Pariser Laboratorium. Dort isolierten die Curies aus mehreren Tonnen von Pechblende – ursprünglich ein Abfallprodukt aus dem Bergbau – ein winziges Körnchen der strahlenden Substanz, die sie Radium nannten, nach *radius*, dem lateinischen Wort für Strahl. Im April 1898 hatte Marie Curie damit begonnen, vier Jahre später hatte sie schließlich ein Zehntelgramm des neuen Elements isoliert, das im Dunkeln in einem hypnotisierenden Blau leuchtete und sich dabei verzehrte. Es war instabil – Materie, die sich zu Energie zersetzte, dabei aber nicht nur, wie die Röntgenstrahlen, menschliches Gewebe durchdrang, sondern dort Spuren hinterließ, als würde sie das Gewebe von innen heraus verbrennen. In Marie Curies Fall war die Haut der Handflächen rissig geworden und schälte sich ab; wie sich später herausstellte, war es sogar ins Knochenmark eingedrungen und hatte bei ihr chronische Anämie verursacht.

Im Juni 1903 reichte sie ihre Dissertationsschrift ein: »Forschungen über radioaktive Substanzen, von Marie Sklodowska-Curie«. Im Dezember desselben Jahres erhielten Marie und Pierre Curie für die Entdeckung der Radioaktivität den Nobelpreis für Physik, gemeinsam mit Henri Becquerel, der als Erster ein von sich aus strahlungsaktives Element aufgespürt hatte.

1938, beinahe vier Jahrzehnte später, rechnete die gerade nach Schweden emigrierte Lise Meitner gemeinsam mit ihrem Neffen Otto Robert Frisch, einem Schüler von Niels Bohr, die neuen Messungen nach, die ihr der Chemiker Otto Hahn soeben brieflich mitgeteilt hatte. Kurz vor Weihnachen, in einem Dorf unweit von Stockholm, mit dem Brief in der Hand und einer Rechnung im Kopf, enthüllte sich der Sechzigjährigen auf einmal das Geheimnis der Radioaktivität – die Kernspaltung und damit verbunden die Ahnung, dass sich damit die Welt zerstören lässt. Am nächsten Tag unterrichtete Meitners Neffe seinen Lehrer Niels Bohr von dieser Entdeckung, der gerade auf dem Sprung nach Amerika war. Dort wurde unverzüglich Otto Hahns Experiment nachgestellt und Lise Meitners Rechnung nachvollzogen. Das Wissen um die Kernspaltung war in der Welt, und der Bau der Bombe in Kriegszeiten die kaum zu verhindernde Konsequenz daraus.

Marie Salomee Sklodowska war eine Autodidaktin. Mathematik und Physik brachte sie sich in »einsamen Studien« während ihrer mehrjährigen Tätigkeit als Gouvernante in wohlhabenden polnischen Familien bei. Meistens kam sie erst ab neun Uhr abends dazu. Fühlte sie sich absolut unfähig zur Lektüre von Lehrbüchern, löste sie algebraische und trigonometrische Aufgaben, die sie wieder »ins rechte Fahrwasser« brachten. Diese Selbstbildung »auf gut Glück« beurteilte Marie Curie später als nicht sonderlich effektiv, aber sie lehrte sie selbstständiges Arbeiten und Durchhaltevermögen. Als ihr oberstes Prinzip nannte sie in einem Brief an ihre Cousine Henrika: »sich nicht unterkriegen lassen, nicht von den Menschen und nicht von den Ereignissen ...« Schon während ihrer Schulzeit hatte sie in Warschau an Lehrveranstaltungen der »Fliegenden Universität« teilgenommen, einer illegalen Bildungseinrichtung für Frauen, deren Zusammenkünfte in wechselnden Privatwohnungen stattfanden. In Polen waren Frauen seinerzeit noch nicht zum Studium zugelassen. Nachdem sie genügend Geld für die Studiengebühren an der Sorbonne gespart hatte, ging sie, mittlerweile vierundzwanzigjährig, nach Paris, um Physik zu studieren. »Es war, als habe sich mir eine neue Welt aufgetan«, schrieb sie später, »die Welt der Wissenschaft, die ich nun endlich in voller Freiheit kennenlernen durfte.«

1893 schloss sie ihr Studium ab und lernte bald darauf den acht Jahre älteren Chemiker und Physiker Pierre Curie kennen. Sie bewunderte ihn als Forscher, lehnte aber seinen Heiratsantrag ab. Erst einmal wollte sie noch Mathematik studieren. Im Juli 1895 gaben sich Pierre und Marie dann doch das Jawort, und zwei Jahre darauf wurde die erste Tochter, Irène, geboren. Sie wurde später Maries Vertraute und machte als Irène Joliot-Curie gemeinsam mit ihrem Mann Frédéric Joliot selbst eine große Karriere als Physikerin. 1903 hatte Marie Curie eine Frühgeburt mit Todesfolge, ausgelöst wahrscheinlich durch

Mutige Frauen in der Wissenschaft

Marie Curie und Lise Meitner widmeten ihr Leben der Kernspaltung; Marie Curie wurde als einziger Frau zweimal der Nobelpreis zugesprochen: 1903 und 1911.

Lise Meitner leitete seit 1917 die »Physikalisch-Radioaktive Abteilung« am Kaiser-Wilhelm-Institut für Chemie in Berlin, bis sie 1938 nach Schweden emigrieren musste.

die andauernde Strahlenbelastung; Ende 1904 kam dann die zweite Tochter Ève zur Welt.

Nach der Zuerkennung des Nobelpreises überschlug sich die Presse: Das Forscherpaar wurde als Sinnbild der Einigkeit, der Zusammengehörigkeit von Mann und Frau, der Zusammenarbeit verschiedener Nationalitäten gefeiert. Eine Zeitung schrieb: »Der Fall von Monsieur und Madame Curie ... ist gewiss nicht das Übliche. Eine Idylle im Physiklabor, das hat die Welt noch nicht gesehen.« Dabei waren der Existenznachweis und die Isolierung radioaktiver Elemente – die größte wissenschaftliche Tat Marie Curies – alles andere als ein beschaulicher Prozess. »Wir mussten in unserem Schuppen riesige Behälter aufstellen, die Flüssigkeiten und Bodensatz enthielten«, berichtete Marie Curie später. »Diese Behälter von einer Stelle zur anderen zu tragen und deren Inhalt umzugießen, war eine kräftezehrende Arbeit. Auch das stundenlange Kochen dieser Massen und das unaufhörliche Rühren mit einem Eisenstab ermüdeten mich.« Hinzu kam die unbequeme Situation in dem Schuppen, in dem sie arbeiteten. Im Sommer war es dort infolge des Glasdachs heiß wie in einem Treibhaus, im Winter hingegen kalt wie in der Polarzone, zudem regnete es hinein.

Im Jahr 1906 starb Pierre Curie überraschend nach einem Verkehrsunfall. Trotz des großen Schmerzes über den Verlust ihres Arbeits- und Lebenspartners zögerte Marie Curie nicht lange, als es um die Neubesetzung seines Lehrstuhls für Physik an der Sorbonne ging. Sie bewarb sich und hielt am 5. November 1906 ihre Antrittsvorlesung – als erste Professorin Frankreichs.

Für ihre umfangreichen Forschungen wurde Marie Curie dann im Jahr 1911 auch der Nobelpreis für Chemie zugesprochen. Sie ist bis heute die einzige Frau unter insgesamt vier Nobelpreisträgern, die die Auszeichnung der Schwedischen Akademie mehr als einmal erhalten haben, und neben dem Chemiker Linus Pauling die einzige Person mit Nobelpreisen auf unterschiedlichen Gebieten.

1906, nur drei Jahre später als Marie Curie, promovierte auch Lise Meitner, als zweite Physikerin überhaupt an der Wiener Universität. Im Jahr darauf kam sie nach Berlin und begann mit Otto Hahn, einem Radiochemiker der ersten Stunde, zusammenzuarbeiten. Da Frauen in Preußen damals noch nicht zum Studium zugelassen waren, wurde es Lise Meitner anfangs untersagt, die Vorlesungsräume und das von Otto Hahn geleitete chemische Labor auch nur zu betreten. Speziell für seine Versuche mit Radioaktivität war Otto Hahn jedoch ein Raum im Souterrain des Instituts zur Verfügung gestellt worden, der einen separaten Eingang besaß. Unter solchen primitiven Umständen begann ab 1907 die dreißigjährige Zusammenarbeit von Otto Hahn und Lise Meitner, die 1938 zur Entdeckung der Kernspaltung führte.

Im Ersten Weltkrieg setzten Marie Curie und Lise Meitner ihre radiologischen Kenntnisse ein, um den zahllosen Verwundeten zu helfen. Während Lise Meitner als Röntgenschwester in der österreichischen Armee in einem Lazarett an der Ostfront arbeitete, entwickelte Marie Curie eine mobile Röntgeneinrichtung, mit der verwundete Soldaten in unmittelbarer Nähe der Front untersucht werden konnten. Sie rüstete insgesamt zwanzig »Röntgenmobile« aus und machte 1916 sogar den Führerschein, um die Fahrzeuge selbst steuern zu können. (Währenddessen erprobte Otto Hahn in einer von Fritz Haber geleiteten Spezialeinheit chemische Kampfgase.) Beide Frauen konnten »den entsetzlichen Eindruck all dieser Zerstörung von menschlichem Leben und menschlicher Gesundheit«, wie Marie Curie schrieb, nie vergessen – die Männer und Jungen, die in einem Gemisch von Blut und Schmutz zur Feldambulanz gebracht wurden, ihre schrecklichen Wunden, deren furchtbarer Anblick sogar ihr Schreien und Stöhnen vergessen ließ.

Marie Curie starb 1934, nachdem sie zwei Jahre zuvor die Leitung des Pariser Radium-Instituts in die Hände ihrer Tochter Irène Joliot-Curie gelegt hatte. In seiner Gedenkschrift von 1935 betonte Albert Einstein nicht nur ihre wissenschaftlichen Leistungen, sondern beschrieb auch die Größe ihres Charakters: Willensstärke, Härte gegen sich selbst, Unbestechlichkeit des Urteils, Bescheidenheit, Hingabe und Zähigkeit seien die entscheidenden Merkmale ihrer Persönlichkeit gewesen. Das hätte nicht weniger auf Lise Meitner gepasst, von der Einstein gerne als von »unserer Madame Curie« sprach.

Mit dem Anschluss Österreichs an Nazi-Deutschland im Jahr 1938 war die Österreicherin und Jüdin Lise Meitner der Nazi-Gesetzgebung unterworfen und musste das Land verlassen. Otto Hahn, der sehr um die Sicherheit seiner Mitarbeiterin und Freundin besorgt war, gelang es, mit Unterstützung des holländischen Chemikers Dirk Coster, Lise Meitners illegale Emigration nach Schweden zu organisieren. Damals war Lise Meitner bereits sechzig Jahre alt und musste ihr Leben gezwungenermaßen noch einmal neu beginnen. Am Stockholmer Nobel-Institut wurde für sie ein Arbeitsplatz eingerichtet. Als Otto Hahn 1945, gleichsam im Schatten des ersten Atombombenabwurfs, rückwirkend der Nobelpreis für Chemie des Jahres 1944 zuerkannt wurde, riss Dirk Coster alte Wunden auf, als er ihr schrieb: »Otto Hahn, der Nobelpreis! Er hat ihn sicher verdient. Es ist aber schade, dass ich Sie 1938 aus Berlin entführt habe ... Sonst wären Sie auch dabei gewesen. Was sicher gerechter gewesen wäre.« Auch Lise Meitner selbst war dieser Meinung: »Hahn hat sicher den Nobelpreis für Chemie voll verdient, da ist wirklich kein Zweifel«, schrieb sie Ende November 1945 an ihre Freundin Eva von Bahr-Bergius. »Aber ich glaube, daß Frisch und ich etwas nicht Unwesentliches zur Aufklärung des Uranspaltungsprozesses beigetragen haben – wie er zustande kommt und daß er mit einer so großen Energieentwicklung verbunden ist, lag Hahn ganz fern.«

Obwohl Lise Meitner eine eigenständige Wissenschaftlerin war und seit 1917 die für sie geschaffene »Physikalisch-Radioaktive Abteilung« am Kaiser-Wilhelm-Institut für Chemie leitete, sah man in ihr häufig nur die Assistentin des großen Otto Hahn, was sicherlich auch mit ihrer zierlichen Statur und ihrem zurückhaltenden, beinahe schüchternen Auftreten in der Öffentlichkeit zu tun hatte. Lise Meitner war aber in der Tat diejenige der beiden, die etwas von Physik verstand; Otto Hahn eher derjenige, der die Messungen vornahm. »Hähnchen«, soll sie einmal zu ihrem Mitstreiter gesagt haben, »das lass mal lieber, von Physik verstehst du nichts.« In der Öffentlichkeit blieb sie hingegen lange das Fräulein Meitner, das »kosmetische Physik« betrieb, wie eine Zeitung einen ihrer Vorträge ankündigte. Dennoch war es wahrscheinlich gar nicht einmal antifeministische Ranküne, die dazu führte, dass sie 1944 bei der Verleihung des Nobelpreises für die Entdeckung der Kernspaltung übergangen wurde. Die Begutachtung ihrer Leistung lag in den Händen eines Chemikers, der der Auffassung war, Lise Meitner habe lediglich eine Rechnung ausgeführt, und die wissenschaftliche Begründung des von Otto Hahn Gemessenen nicht als nobelpreiswürdig erachtete.

Dass Lise Meitners wissenschaftliche Leistung nach dem Krieg zunehmend in den Schatten Otto Hahns geriet, lag nicht allein an der Fachidiotie eines Chemikers. Es hatte auch damit zu tun, dass sie nach Kriegsende kein Blatt vor den Mund nahm, womit sie sich innerhalb der Wissenschaftlergemeinde zunehmend isolierte. In einem wenig bekannten Brief konfrontierte sie kurz nach Kriegsende Otto Hahn mit dem Vorwurf, dass er wie viele andere in Deutschland den Maßstab für Recht und Fairness verloren hatte: »Ihr habt auch alle für Nazi-Deutschland gearbeitet und habt auch nie nur einen passiven Widerstand zu machen versucht. Gewiß, um Euer Gewissen loszukaufen, habt Ihr hier und da einem bedrängten Menschen geholfen, aber Millionen unschuldiger Menschen hinmorden lassen, und keinerlei Protest wurde laut ...« Lise Meitner hat sich im Ausland dennoch sehr dafür eingesetzt, die in Deutschland verbliebenen Wissenschaftler nicht umstandslos zu verurteilen. Gerade deshalb nahm sie sich das Recht heraus, anzuklagen, zu mahnen, Ratschläge zu geben. Sie war nicht nur eine große Physikerin, sondern wie Marie Curie eine Frau, die gefährliche Gedanken nicht scheute und sie auch auszusprechen wagte.

*Stimmen
gegen das Schweigen*

———— 1907–1964 ————

Rachel Carson

Frauen sind in der seit Ende der 1960er Jahre weltweit aktiven Umweltbewegung stärker vertreten als in den meisten anderen großen Bewegungen der Geschichte. Das hat zu beträchtlichen Spekulationen geführt, etwa der einer besonderen weiblichen Naturnähe, auf die sich die Ökofeministinnen berufen. Andere haben die Annahme einer weiblichen Natur, die insbesondere durch die Fähigkeit zur Mutterschaft geprägt sei, mit großer Schärfe als diskriminierenden Biologismus zurückgewiesen. Doch braucht man sich gar nicht auf das Glatteis solcher sehr grundsätzlichen Vorstellungen zu begeben, um zu würdigen, dass es unter Frauen ein ausgeprägtes Umweltbewusstsein gibt.

Rachel Carson war schon als Kind eine leidenschaftliche Leserin und veröffentlichte ihre ersten Geschichten im Alter von elf Jahren in einem Kindermagazin. Folgerichtig belegte sie am Pennsylvania College for Women zunächst englische Literatur. Als sie zur Biologie wechseln wollte, riet ihr die Collegeleitung davon ab, sah man in ihr doch eine zukünftige Schriftstellerin. Schriftstellerin wurde Rachel Carson dann in der Tat, aber von biologischen Sachbüchern, geschrieben in beinahe lyrischer Prosa.

Zunächst aber wurde sie nach einem Studium der Zoologie und Genetik eine Angestellte bei der US-Fischereibehörde, zuständig für die Öffentlichkeitsarbeit. Nebenbei schrieb sie Artikel über Meeresbiologie, etwa für das Magazin *Atlantic Monthly*. Auf diese Weise erhielt sie ihren ersten Verlagsvertrag. Ihr Debüt *Under the Sea-Wind* aus dem Jahr 1941 wurde zwar von der Kritik wegen seiner lebendigen Prosa und wissenschaftlichen Exaktheit gerühmt, verkaufte sich indes nur mäßig. Neun Jahre später gelang ihr dann aber mit dem zweiten Buch, *The Sea Around Us*, auch ein grandioser Verkaufserfolg. Das Buch stand sechsundachtzig Wochen auf der Bestsellerliste der *New York Times* und wurde 1952 mit dem National Book Award bedacht.

Im Zuge ihrer Tätigkeit für die US-Fischereibehörde hatte sich Rachel Carson gelegentlich mit Pestiziden, insbesondere DDT, beschäftigt. DDT wurde in

Rachel Carson kämpfte gegen Umweltverschmutzung
durch die Industrie und löste eine Bewegung aus,
die das Bewusstsein vieler veränderte.

den USA damals großflächig zur Insektenbekämpfung eingesetzt und dabei häufig von Flugzeugen ausgebracht. Eine Vogelschützerin wandte sich an Rachel Carson, weil in ihrem Vogelschutzgebiet zahlreiche Singvögel starben und Bienen sowie Grashüpfer ausblieben. Zudem kam es Anfang 1958 wegen der Sprühflüge zu einem ersten Pestizidprozess. Rachel Carson begann zu recherchieren und beschloss, darüber ihr neues Buch zu schreiben. Es erschien 1962 unter dem Titel *Silent Spring (Der stumme Frühling)*.

Wie im Fall von Bertha Suttners Roman *Die Waffen nieder!* wurde auch hier ein Buch zum Ausgangspunkt einer Bewegung. *Silent Spring* hat weltweit ein Problembewusstsein für Fragen der Umweltverschmutzung geschaffen und die Menschen dazu gebracht, über die Beziehung zwischen Mensch und Natur neu und anders nachzudenken. Hätte die ökologische Revolution um 1970 auch ohne die Ouvertüre von Rachel Carsons großem Bestseller, einer Mischung aus Wissenschaft, Poesie und Protest, stattgefunden? Wohl schon, aber dieser Auftakt ließ doch viele Themen und Motive anklingen, die sich erst später entfalteten, er beeinflusste auf diese Weise die Wahrnehmung der Beteiligten und schärfte ihr Bewusstsein für die Herausforderung. Wie schon *Die Waffen nieder!* wurde auch *Der stumme Frühling* bald nach dem Erscheinen mit *Onkel Toms Hütte* verglichen. In seinem Vorwort zur Neuausgabe des Buches im Jahr 1994 wies Al Gore allerdings auf einen entscheidenden Unterschied zum großen Vorbild hin: Als Harriet Beecher Stowes Roman 1852 erschien, war die Debatte über die Sklaverei bereits in vollem Gange; die Vergiftung der Umwelt und auch des Menschen durch Pestizide wurde hingegen erst durch Rachel Carson zum Thema einer breiteren Öffentlichkeit.

Das bis heute lesenswerte Buch thematisiert ein dreifaches Verstummen: zum Ersten ganz buchstäblich das Verstummen einer verarmenden Welt, in der nur noch wenige Vögel singen, weil die in der industriellen Landwirtschaft eingesetzten Chemikalien sie vertrieben oder getötet haben. Zum Zweiten das Verstummen der Wissenschaftler, die wider besseres Wissen zu den Risiken der neuen Chemikalien schweigen, weil sie von den Unternehmen, die von dem Einsatz dieser Mittel profitieren, unter Druck gesetzt werden. Und zum Dritten schließlich das Verstummen angesichts einer Krankheit, die zunehmend mit dem massenhaften Einsatz von Insektiziden und der Umweltbelastung in Verbindung gebracht wurde und die bei der Autorin selbst diagnostiziert wurde, während sie an dem Buch arbeitete: Krebs.

Der stumme Frühling entstand in einer Lebensphase Rachel Carsons, in der die betont nüchterne Frau eine große Liebe zu einer anderen Frau auslebte. Das verlieh ihr emotionalen Rückhalt für das Risiko, das dieses Buch für sie bedeutete. Zudem mehrten sich bei ihr die Symptome dafür, dass sie an Brustkrebs litt, an dessen Folgen sie einige Jahre später starb – auf dem Höhepunkt ihres Ruhms. Als eine der ersten Frauen lehnte Rachel Carson die damals übliche radikale Entfernung der gesamten Brust ab, was rückblickend auch die richtige Entscheidung war: Der Krebs hatte bei ihr bereits die Knochen befallen, die radikale Mastektomie wäre eine sinnlose Quälerei gewesen. Rachel Carson hat ihre tödliche Krankheit zeitlebens vor der Öffentlichkeit verheimlicht; der tiefe Ernst von *Der stumme Frühling*, den die Leser verspürten, hat aber fraglos mit ihrem Krebsleiden zu tun.

Nach dem Schwinden der alten Angst vor den Infektionskrankheiten war der Krebs die neue epochale Angst in den Industriestaaten. Seit den 1950er Jahren mehrten sich Hinweise darauf, dass Luftverschmutzung das Krebsrisiko erhöhte. Zudem verband sich die Krebsangst mit der Angst vor der Radioaktivität und wurde auch auf diese Weise zur treibenden Kraft der Umweltbewegung. Zwar wurde Bestrahlung in der medizinischen Therapie durchaus erfolgreich eingesetzt, doch barg sie auch Gefahren. Schon Marie Curie, die mit der Entdeckung des Radiums und der dadurch möglich gewordenen hochwirksamen Strahlentherapie die Krebsmedizin ins Atomzeitalter katapultiert hatte, war an Leukämie, an Blutkrebs, gestorben. Denn die Wirkung der Strahlen ist äußerst heimtückisch. Solange es nicht zu Metastasen gekommen ist, können die radioaktiven Strahlen Tumoren heilen, sie können aber auch krebsverursachende Mutationen auslösen. Rachel Carson musste selbst erleben, dass sich durch die radioaktive Bestrahlung ihr Krebsleiden noch verschlimmerte, statt sich wie erhofft zu bessern.

Rachel Carson war eine große Warnerin, aber sie legte Wert auf seriöse, wissenschaftlich fundierte Argumentation und vermied schrille Töne. Carsons weitreichendes Anliegen war ein ökologisches Verständnis von Gesundheit: Sie wies darauf hin, dass wir nur so lange gesund sein können, wie es auch unsere Umwelt ist. Denn unser Körper und die Umwelt, mit der er auf vielfältige Weise verbunden ist, sind nicht voneinander unabhängige, getrennte Realitäten. Jede Belastung der Umwelt schadet auch dem Körper. Auf einem DDT-Hearing in Washington kursierte seinerzeit der Witz, ein Kannibalenhäuptling habe seinen Stammesgenossen verboten, Amerikaner zu verspeisen, weil sie zu viel DDT enthielten. Diese Anekdote war gewiss erfunden, ließ aber in ihrer Drastik deutlich werden, dass die Umweltbelastung aus unserem Körper womöglich eine Giftmüllhalde macht. Das war geradezu die Grundeinsicht des ökologischen Denkens, wie es Rachel Carson lehrte: dass die Lebewesen nicht nur untereinander, sondern auch mit ihrer Umwelt in ständigem Austausch stehen.

Im Schimpansenland

*1934

Jane Goodall

Schimpansenland, 25. September 1960

Liebste Familie! Manchmal wird mir klar, wie seltsam das alles ist.
Ich bin ein ganz normaler Mensch und tue hier, was ich immer tun wollte. Ich bin nicht in einem schrecklichen Büro ohne Sonne eingesperrt, sondern bin im Freien und schlafe unter den Sternen, klettere auf Berge und beobachte die vielen Tiere. Kann das wahr sein? Bin das wirklich ich,
oder ist es eine sonderbare Halluzination?

Wie kommt eine junge Engländerin, mit einer Ausbildung als Sekretärin ohne Studium im Alter von sechsundzwanzig Jahren dazu, im Grunde auf sich allein gestellt, Tag für Tag den afrikanischen Regenwald zu durchstreifen, Schimpansen zu beobachten, ihr Verhalten zu studieren und zu ihnen nach und nach eine beinahe freundschaftliche Beziehung aufzubauen? Es wird erzählt, dass Jane Goodall von Kindesbeinen an Tiere über alles liebte und die Geschichten von Doktor Dolittle verschlang, der von einem Papagei einst die Sprache der Tiere gelernt hat und nun geschundene Tierkreaturen aus dem Zirkus befreit und sie zurück nach Afrika bringt. Und auch heute kann es passieren, dass man der mittlerweile neunzigjährigen Jane Goodall mit einem Stoffaffen auf dem Arm begegnet, den ihr ein blinder Zauberkünstler geschenkt hat – im Vermeinen, es handle sich um einen Schimpansen. Kindliche Unvoreingenommenheit und Verspieltheit sind in der Tat wesentliche Charakterzüge der großen Affenforscherin. So wie sie seinerzeit mit dem Kinderwunsch »Wenn ich erwachsen bin, gehe ich nach Afrika und beobachte Tiere« Ernst machte, so befähigt sie ihre Unvoreingenommenheit noch heute dazu, in den vielen Projekten auf der ganzen Welt, die ihren Namen tragen, als guter Geist anwesend zu sein. Jane Goodall gibt den Menschen auf der Welt, gleich welchen Alters und gleich welcher sozialen Herkunft, Anschauungsunterricht in einer Lehre, die der große amerikanische Lebensphilosoph Henry David Thoreau

einst in dem Satz formulierte: »Wenn jemand vertrauensvoll in der Richtung seiner Träume vorwärts schreitet und danach strebt, das Leben, das er sich einbildete, zu leben, so wird er Erfolge haben, von denen er sich in gewöhnlichen Stunden nichts träumen ließ.«

Dabei würde man Jane Goodall Unrecht tun, hielte man sie für eine naive Frau. Vielmehr ist sie eine hochgradig reflektierte Wissenschaftlerin, die

---

In den 1950er Jahren erfüllte sich Goodall ihren Traum, reiste nach Afrika und wurde dort Verhaltensforscherin.

durchaus zwischen ihrer Wahrnehmung der Welt und der Welt als solcher zu unterscheiden versteht. In der Methode der unvoreingenommenen, geduldigen und einfühlsamen Beobachtung, in der sie es als Affenforscherin zur Perfektion gebracht hat, glaubt sie aber, eine Brücke entdeckt zu haben, die es erlaubt, die eigene Welt mit der der anderen zu verknüpfen und Natur und Mensch zu verstehen.

Wie die unter tragischen Umständen ums Leben gekommene Gorillaforscherin Dian Fossey (1932–1985) und die sehr viel weniger bekannte Biruté Galdikas (*1946) ist Jane Goodall eine Schülerin des Paläoanthropologen Louis Leaky (1903–1972). Leaky entdeckte den ausgestorbenen Homo habilis. Seine Funde trugen wesentlich dazu bei, Charles Darwins Annahme zu beweisen, dass Afrika die Wiege der Menschheit sei.

Leakey wuchs als Kind englischer Missionare unter Angehörigen des Kikuyu-Stammes auf. Jane Goodall begleitete ihn Ende der 1950er Jahre auf Fossiliensuche in die Olduvai-Schlucht inmitten der Serengeti. Aussehen und Ernährung unserer Vorfahren, so Leaky, lassen sich aus den Knochenfunden einigermaßen rekonstruieren. Aber ihr Verhalten? Leakey war der Überzeugung, dass sich aus der geduldigen Beobachtung von Menschenaffen Rückschlüsse auf das Leben unserer Urahnen ziehen lassen. In der begeisterungsfähigen jungen Jane Goodall glaubte er genau die richtige Person gefunden zu haben, um eine solche Langzeitstudie durchzuführen; denn mehr als einer wissenschaftlichen Ausbildung bedurfte es dazu seiner Ansicht nach der Unvoreingenommenheit, Beobachtungsgabe, Zähigkeit und eines furchtlosen Umgangs mit fremden Kreaturen.

Und Leakey hatte sich nicht geirrt: Jane Goodall gelangen schon bald nach ihrer Ankunft aufsehenerregende Beobachtungen an in freier Wildbahn lebenden Schimpansen, darunter der Nachweis, dass sie Werkzeuge, etwa von Blättern befreite Zweige, benutzen, um ein Ziel zu erreichen, beispielsweise um Termiten aus den Löchern ihrer Bauten zu angeln und dann zu verspeisen. Und anders als bei Dian Fossey, aus der Leakey einige Jahre später eine zweite Jane Goodall zu machen versuchte, die das Verhalten der Gorillas beobachtete und analysierte, schlug bei seiner ersten Schülerin die Tierliebe auch nicht in Menschenfeindlichkeit um. Dian Fossey, deren Kampf gegen die Wilderer mit der Zeit Züge eines blinden Fanatismus annahm, wurde Ende des Jahres 1985 unter noch immer ungeklärten Umständen in ihrem Forschungszentrum Karioke ermordet. Im Jahr darauf verließ Jane Goodall endgültig ihr Schimpansenland, den Gombe-Nationalpark. Sie selbst begründete ihren Schritt damit, auf einer Konferenz mit schockierenden Zeugnissen über Schimpansenjagd

und Tierversuche konfrontiert worden zu sein; daraufhin habe sie beschlossen, möglichst viele Menschen weltweit für den Schimpansenschutz zu mobilisieren. Seither reiste Jane Goodall durch die Welt als Schirmherrin zahlreicher Projekte, die keineswegs nur den Tierschutz, sondern auch den Umweltschutz und nicht zuletzt den »Menschenschutz« im Fokus haben: das hehre Ziel eines würdigen Lebens für alle Lebewesen in Frieden und Harmonie. Nach dem tragischen Tod Dian Fosseys hatte sie wohl erkannt, dass sie ihr Schimpansenparadies verlassen musste, um seiner mit der Zeit unausweichlichen Zerstörung zuvorzukommen – erfolge sie nun durch Jäger, durch die immer wieder auftretenden Kämpfe der Affen untereinander, die Kriege der Menschen, durch alle drei oder gar wegen des dadurch ausgelösten Furors seiner Schöpferin. Nur

---

Jane Goodall sah in den Affen, die sie beobachtete, Individuen
mit einer Persönlichkeit und gab ihnen deshalb Namen.

dann, wenn sie sich nicht wie Dian Fossey mit ihrer Person in diesen Konflikten aufrieb, würde sie in den Augen der Menschen die liebenswürdige, aufgeschlossene Jane Goodall, die Tier- und Menschenfreundin bleiben können. Die Erinnerung, so mag ihr klar geworden sein, ist das einzige Paradies, aus dem wir nicht vertrieben werden können.

Kämpferinnen für die Rechte der Frauen

― Kapitel 3 ―

Die Französische Revolution hat den modernen Gesellschaften ein zwiespältiges Erbe hinterlassen: Das Freiheits- und Gleichheitsversprechen der allgemeinen Menschen- und Bürgerrechte ging einher mit dem weitgehenden Ausschluss der Frauen von den Rechten als Staatsbürger und zugleich ihrem Einschluss in die Sphäre des Privaten und der Familie. Dabei wäre seit 1789 die Freiheit und Gleichheit der Frauen eine konkrete Möglichkeit gewesen. Doch dass sie so zögerlich realisiert wurde, ja dass seitens der Männer so vieles unternommen wurde, um die tatsächliche Unterordnung der Frauen zu stabilisieren und sie von den öffentlichen und den politischen Angelegenheiten fernzuhalten, hat die Frauenfrage zu einem bis heute nicht erledigten Grundproblem unserer Gesellschaften gemacht. Das Geschlecht wurde eine politische Kategorie.

Der »Tag der Weiber«, der Marsch der Pariserinnen nach Versailles am 5. und 6. Oktober 1789, gehörte zu den denkwürdigen Ereignissen der Revolution. Es war die erste weibliche Massendemonstration in der Geschichte; zwischen acht- und zehntausend Frauen nahmen daran teil, einige davon in Männerkleidung und mit Spitzhacke oder Gewehr ausgerüstet. Der Legende nach ging es ausschließlich ums tägliche Brot; doch mit dem Marsch verbunden waren auch politische Forderungen. Die mitmarschierenden Frauen nahmen sich das Recht, das öffentliche Leben mitzubestimmen. Im Rückblick lehrte dieses Großereignis allerdings auch, um sich Gehör zu verschaffen und Forderungen durchzusetzen, mussten die Frauen schon etwas deutlicher werden, gegebenenfalls auch Regeln brechen und Gesetze verletzen – und sich dann als Hyänen beschimpfen lassen, wie Schiller es mit den Pariserinnen tat, die der Revolution zum Durchbruch verhalfen.

Einhundert Jahre später hat die irische Frauenrechtlerin Frances Power Cobbe die Dynamik der Frauenbewegung seit 1789 mit der von Gezeiten verglichen. Nur eine gewaltige einströmende Flut, in der jede einzelne Welle ihren Teil dazu beiträgt, die anderen mitzureißen, entfaltet ausreichend Schwungkraft, um Privilegien und Vorurteile hinwegzuschwemmen, die sich auf uralte Gewohnheiten stützen. Im Rückgriff auf diese Metaphorik spricht man im Angelsächsischen von »First Wave Feminism« für die hohe Zeit der Frauenbewegung zwischen dem Ende des 19. Jahrhunderts und den 1920er Jahren sowie von »Second Wave« für die »neue« Frauenbewegung seit den 1970er Jahren. Mit Emmeline Pankhurst sowie Simone Veil und Alice Schwarzer werden in diesem Kapitel jeweils zentrale Vertreterinnen dieser beiden Wellen vorgestellt. Zunächst aber erinnern wir mit Olympe de Gouges an jene Frau, die inmitten der Wirren der Französischen Revolution die »Erklärung der Rechte der Frau und Bürgerin« formulierte und damit zu einem weithin leuchtenden Leitstern der Emanzipationsbewegung wurde.

Schafott und Rednertribüne

1748–1793

Olympe de Gouges

Marie Gouze, die sich als Schriftstellerin Olympe de Gouges nannte, war die uneheliche Tochter der Wäscherin Anne-Olympe Moisset aus den Midi-Pyrénées in Südfrankreich, verehelicht mit dem Metzger Pierre Gouze. Marie war, was man seinerzeit einen Bastard nannte. Sie entstammte einem Verhältnis der Mutter mit dem wohlhabenden Landadligen und Homme de Lettres Jean-Jacques Marquis Lefranc de Pompignan, einem bekannten Gegner Voltaires. Der katholische Marquis handelte den Gesetzen und Moralvorstellungen seiner Zeit entsprechend, als er die Folgen der Liebesbeziehung ignorierte und weder Mutter noch Tochter in irgendeiner Weise unterstützte. Die Tochter hat dieses Schicksal später zu einem Briefroman verarbeitet, aber auch politische Konsequenzen daraus gezogen. In ihrer berühmtesten Schrift, der *Erklärung der Rechte der Frau und Bürgerin* aus dem Jahr 1791, plädierte sie für das Recht der Frau, den Vater ihrer unehelichen Kinder zu benennen und gerichtlich zu belangen.

Mit siebzehn Jahren wurde Marie gegen ihren Willen mit dem aus Paris stammenden Wirt Louis-Yves Aubry verheiratet, der die dadurch erlangte Mitgift zur Eröffnung einer Gastwirtschaft nutzte. Aubry starb schon bald, und die junge Witwe zog mitsamt dem Sohn Pierre nach Paris, wo bereits ihre Schwester lebte. Eine zweite Ehe ging sie zeitlebens nicht mehr ein.

Zwischen ihrer Ankunft in der Hauptstadt und ihren ersten Publikationen lagen gut fünfzehn Jahre Inkubationszeit, die ihre zwar kurze, jedoch unvergleichliche Karriere als öffentliche Figur im Frankreich kurz vor und während der Revolution vorbereitete. Wie wurde aus der provinziellen jungen Witwe die spätere Femme de Lettres, die sich einen klangvollen Namen zulegte und dabei auch auf das Adelsprädikat nicht verzichtete? »Wer das Ancien Régime nicht gekannt hat, wird niemals wissen, wie süß das Leben war«, hat der Diplomat Talleyrand im Rückblick auf die Zeit vor der Revolution gesagt. Schönheit gepaart mit Intelligenz zeichnete Marie Gouze aus. Sie lebte von der Liebe, ohne sich abhängig zu machen, besuchte die Theater und fand Zugang zu den Salons, wo sie mit den Ideen der Aufklärung in Berührung kam. Schon

Kämpferinnen für die Rechte der Frauen

In ihrer *Erklärung der Rechte der Frau und Bürgerin* aus
dem Jahr 1791 forderte Olympe de Gouges die rechtliche, politische und
soziale Gleichstellung der Frau.

bald fühlte sie nicht nur poetisch, sondern dachte auch politisch. Ihr erstes Theaterstück, das sie 1784 bei der Comédie-Française einreichte, das dort aber vorerst nicht gespielt wurde, handelte von zwei entlaufenen Sklaven: Zamore hat einen Weißen getötet, als dieser seine Geliebte Mirza entführen wollte. Am Ende des Stücks können die beiden Sklaven als freie Menschen ein Paar werden. Ende 1789 wurde das Stück endlich in der Comédie gegeben, die nun »Theater der Nation« hieß. Gegner und Befürworter der Sklaverei lieferten sich im Parkett und auf den Rängen eine erbitterte Schlacht; die Aufführung musste mehrmals unterbrochen werden und entfesselte einen Skandal. Die Autorin habe durch ihr Sympathisieren mit einem mörderischen Sklaven den Anspruch verspielt, vom Zuschauer rücksichtsvoll behandelt zu werden, urteilte die Pariser Presse. Man erkenne in ihr nicht mehr ihr liebenswürdiges Geschlecht wieder.

Im September 1791 verabschiedete die Nationalversammlung die erste republikanische Verfassung Frankreichs. Als Grundrechtskatalog war ihr die allgemeine Erklärung der Menschen- und Bürgerrechte von 1789 vorangestellt. Doch entgegen dem dort formulierten Gleichheitsanspruch wurde ein nach Besitzklassen gestaffeltes Männerwahlrecht beibehalten. Kurz darauf veröffentlichte Olympe de Gouges ihre Schrift *Die Rechte der Frau*. Einem Brief an die Königin Marie Antoinette schlossen sich die *Erklärung der Rechte der Frau und Bürgerin* sowie der Entwurf eines Sozialvertrags zwischen Mann und Frau an. Ein Postskriptum forderte die Frauen auf, sich unter dem Banner der Philosophie zu vereinigen und ihre Rechte geltend zu machen.

Man merkt der Publikation an, dass sie unter großem Zeitdruck geschrieben wurde. Und in der Tat war Eile geboten. Denn im Namen der Mütter, Töchter und Schwestern der Nation forderte Olympe de Gouges von der Nationalversammlung nichts weniger als eine neue Verfassung. Die gerade in Kraft getretene sei insofern illegitim und nichtig, als in ihr die weibliche Hälfte des Volkes nicht vertreten und an ihrer Ausarbeitung gar nicht beteiligt gewesen sei. Da der Souverän alle Frauen von der Volkssouveränität ausgeschlossen habe, nahm es sich Olympe de Gouges heraus, das neue Regime als Tyrannenherrschaft zu bezeichnen.

»Mann, bist du fähig, gerecht zu sein?«, begann ihre Vorrede: »Eine Frau stellt dir diese Frage. Dieses Recht zumindest wirst du ihr nicht nehmen können. Sag mir, wer hat dir diese selbstherrliche Macht verliehen, mein Geschlecht zu unterdrücken?« Der Mann allein maße sich an, von der Revolution zu profitieren. So aufgeblasen wie ignorant wolle er in diesem Jahrhundert der Aufklärung despotisch über ein Geschlecht herrschen, das über alle geistigen Fähigkeiten verfüge. Und Olympe de Gouges beließ es nicht dabei, dem Mann die Leviten zu lesen und an seine Fairness zu appellieren. Denn das hätte ja bedeutet, dass es letztlich in sein Belieben gestellt sei, die Rechte der Frauen anzuerkennen, als schulde man ihm noch Dankbarkeit dafür. Olympe de Gouges ging es um mehr: Sie wollte die faktische Gleichsetzung von Mensch und Mann zertrümmern, die so tat, als seien die Frauen vom Geltungsanspruch der Menschenrechte ausgenommen. Ihre *Erklärung der Rechte der Frau und Bürgerin* folgte bis in den Wortlaut hinein den siebzehn Artikeln der allgemeinen Erklärung der Menschen- und Bürgerrechte von 1789 und nahm lediglich geringfügige, im Hinblick auf die Frauen aber wesentliche Umformulierungen und Ergänzungen vor. Wo im ursprünglichen Text von Menschenrechten die Rede war, sprach sie konsequent von Frau und Mann, was im konkreten Fall, etwa bei der Versorgung außerhalb der Ehe geborener Kinder, dann doch mehr als einen kleinen Unterschied machte. Nie ging es ihr indessen um Rechtswohltaten oder Sonderrechte für Frauen. Hieß es in Artikel 10: »Niemand darf wegen seiner Meinung, auch wenn sie grundsätzlicher Art ist, verfolgt werden«, so ergänzte sie: »Die Frau hat das Recht, das Schafott zu besteigen. Sie muss gleichermaßen das Recht haben, die Rednertribüne zu besteigen.« Stets argumentierte Olympe de Gouges auf dem Boden der Gleichberechtigung von Frau und Mann, forderte den Leser und den Gesetzgeber aber auf, endlich die Konsequenzen aus dem Faktum zu ziehen, dass der Mensch als zwei Geschlechter existiert und die Menschenrechte für Frauen genauso unveräußerlich sind wie für Männer.

Ein taktischer Geniestreich war der sich an die *Erklärung* anschließende Entwurf für einen Gesellschaftsvertrag zwischen Mann und Frau. Er las sich wie ein gewöhnlicher zivilrechtlicher Ehevertrag, hatte jedoch den Rang eines Verfassungsbestandteils. Der Gesellschaftsvertrag führte detailliert aus, was Gleichbehandlung von Mann und Frau faktisch hieß. Hellsichtig hatte Olympe de Gouges erkannt, dass die gängige Trennung zwischen privatem und öffentlichem Recht auf einer Geschlechterordnung basierte, die die Frauen aus der öffentlichen Sphäre ausschloss und in die private Sphäre verbannte, um sie dort der Gewalt und Entscheidungsbefugnis des Mannes unterzuordnen.

Für Olympe de Gouges war klar, dass eine neue, gerechte und freiheitliche Gesellschaft nur auf dem Boden des Rechts und nicht mit Gewalt und Blutvergießen zu begründen war. Die Verurteilung Ludwigs XVI. zum Tode lehnte sie als Rechtsbruch ab, bot sich sogar an, ihn zu verteidigen, nicht zuletzt aus der Überlegung heraus, dass »dieses schuldbeladene Haupt, einmal vom Rumpfe getrennt«, keinerlei Nutzen mehr habe. In den Augen ihrer Gegner entlarvte sie sich dadurch als Royalistin, und da sie zudem gegen den Terror der Jakobiner agitierte und Robespierre persönlich angriff, waren ihre Tage bald gezählt.

Das Fass zum Überlaufen brachte ein Plakatanschlag mit dem poetischen Titel *Die drei Urnen oder das Wohl des Vaterlandes, von einem Reisenden der Lüfte*, auf dem sie forderte, der Souverän, das Volk, solle doch selber an der Urne über die Regierungsform entscheiden. Daraufhin wurde sie im Sommer 1793 angezeigt und verhaftet. Aus dem Gefängnis heraus schrieb sie eine weitere Bekanntmachung, die sich direkt an das Revolutionstribunal richtete. Es sagt viel über die Tiefe und die Ernsthaftigkeit ihres Rechtsempfindens aus, dass sie sich noch jetzt auf die Verfassung berief: »Unerschrocken, gerüstet mit den Waffen der Aufrichtigkeit, trete ich euch entgegen und verlange von euch Rechenschaft über euer grausames Treiben, das sich gegen die wahren Stützen des Vaterlandes richtet ... Ist nicht in der Verfassung die Meinungs- und Pressefreiheit als kostbarstes Gut des Menschen verankert? Wären denn diese Gesetze und Rechte, ja die ganze Verfassung nichts weiter als hohle Phrasen, jedes Sinnes entleert? Wehe mir, ich habe diese traurige Erfahrung gemacht.« Schon kurz nach Olympe de Gouges' Hinrichtung durch die Guillotine verwies man im Ton einer Moritat auf ihr Schicksal, um aufmüpfige Republikanerinnen einzuschüchtern: »Erinnert euch an dieses schamlose Mannweib Olympe de Gouges, die Frauengesellschaften gründete, ihren Haushalt vernachlässigte, politisieren wollte und Verbrechen beging. Solche unmoralischen Wesen wurden unter dem Beil, das die Gesetze rächt, vernichtet. Wollt ihr es ihnen nachmachen?« So drohte Pierre Gaspard Chaumette, Mitglied des Revolutionstribunals. Notfalls müsse man die Frauen eben dazu zwingen, sich selbst zu achten. Nur wenige Monate später sauste auch auf seinen Kopf das Fallbeil nieder.

Ironie der Geschichte: Genau einen Tag vor Olympe des Gouges' Tod durch die Guillotine am 3. November 1793 erließ die Revolutionsregierung ein Dekret, das ausschließlich die vom Vater anerkannten Kinder für erbberechtigt erklärte und Nachforschungen, wer der Vater eines Kindes sei, untersagte – eine Bestimmung, die im vorrevolutionären Frankreich unbekannt gewesen war, ein wenig später aber in das unter Napoleon verabschiedete Bürgerliche Gesetzbuch übernommen wurde und bis 1938 in Kraft blieb. Es war ein patriarchaler Schlag ins Gesicht der Frauen und der brillantesten Fürsprecherin ihrer Gleichberechtigung.

Stimmen für Frauen

1858 – 1928

Emmeline Pankhurst

Leben, Kämpfen – die beiden sind eins,
Nur Glaube und Wagnis führen zum Sieg.
Auf, auf – auf dem Gesicht das Lachen der Hoffnung
Fest im Blick, was zu tun ist
Stark im Vertrauen, tollkühn im Widerstand
(Sicher ist nur der Tod)
Marsch, marsch – viele wie Eine
Schulter an Schulter, Freundin mit Freundin

So lautet der Text der vierten und letzten Strophe des »March of the Women«, der Hymne der englischen Suffragetten. Nicht überliefert ist, ob die inhaftierten Frauenrechtlerinnen bis zu dieser Strophe kamen, als sie 1912 im Londoner Gefängnis Holloway den Marsch der Frauen anstimmten. Bezeugt jedoch ist, dass Ethel Smyth, die Komponistin des Liedes, »wohlwollend aus einem der oberen Fenster zusah und dazu mit bacchantischer Energie den Takt mit einer Zahnbürste schlug«.

Was zu ihrer Inhaftierung und der ihrer Mitstreiterinnen führte, hat Ethel Smyth so beschrieben: »Punkt 5 Uhr 30 an einem denkwürdigen Abend im Jahr 1912 zogen zu Kundgebungen versammelte Frauen Hämmer aus ihren Muffen und Handtaschen hervor und fingen an, systematisch in allen größeren Straßen der Londoner Innenstadt Schaufensterscheiben zu zertrümmern, beflügelt von dem Wissen, dass genau in diesem Moment Mrs. Pankhurst mit einem gezielten Steinwurf auf ein Fenster in der Downing Street 10 den Reigen eröffnete.«

Downing Street 10, das war schon seinerzeit der offizielle, mitten in der Londoner Innenstadt gelegene Sitz des Premierministers des Vereinigten Königreichs. Dort residierte seit 1908 der Liberale Herbert Asquith, der den Frauen immer wieder die Reform des Wahlrechts zusicherte und genauso oft wortbrüchig wurde. Emmeline Pankhurst, die Steinewerferin an diesem denkwürdigen

Kämpferinnen für die Rechte der Frauen

Als Emmeline Pankhurst im Mai 1914 versuchte, dem englischen König Georg V. eine Petition über das Frauenwahlrecht zu überreichen, wurde sie vor dem Buckingham-Palast verhaftet.

Abend, hatte im Jahr 1903 zusammen mit ihrer Tochter Isabel die *Women's Social und Political Union* (WSPU) gegründet. »Deeds, not words« (Taten, nicht Worte) lautete das Motto der Organisation. Sie war angetreten, den moderaten, bislang jedoch nicht sonderlich erfolgreichen Kurs der seit 1890 von Millicent Garrett Fawcett angeführten *National Union of Women's Suffrage Societies* (NUWSS) zu radikalisieren. Plan war, die Regierung durch eine neue Form der Militanz dazu zu nötigen, den Frauen endlich das Wahlrecht zuzuerkennen.

»Die WSPU ist einfach eine Streitkraft für das Wahlrecht«, schrieb Emmeline Pankhurst. »Sie ist ausschließlich eine Freiwilligenarmee an der Front und niemand ist verpflichtet zu bleiben, der nicht leidenschaftlich an die Strategie dieser Streitkraft glaubt.« Diese Strategie, das wurde schon bald klar, schloss die Provokation der Staatsgewalt und die Gewalt gegen Sachen ein. In einer Versammlung am 17. Oktober 1912 erläuterte Emmeline Pankhurst noch einmal das Vorgehen der WSPU: »Die einzige Rücksichtslosigkeit, die Suffragetten jemals begangen haben, ist die gegen ihr eigenes Leben, nicht das von Anderen. Es war niemals die Politik der WSPU, Menschenleben rücksichtslos in Gefahr zu bringen, und wird es auch niemals sein. Wir überlassen das den Feinden. Wir überlassen das den Männern in ihren Kriegen. Das ist nicht die Methode von Frauen. Nein, selbst vom politischen Nutzen aus betrachtet, wäre Militanz, die die Sicherheit von Menschenleben gefährdet, falsch. Es gibt etwas, worum Regierungen sich weit mehr sorgen als um Menschenleben, und das ist die Sicherheit von Eigentum. Also schlagen wir den Feind, indem wir gegen Eigentum vorgehen. Seid militant, jede auf ihre Weise.«

Das waren auch insofern neue Töne, als sie eine pauschale Verurteilung der Männer durchblicken ließen. Dabei waren die Streiter der ersten Stunde für eine Teilhabe der Frauen am politischen Leben nicht zuletzt unter ihnen zu finden gewesen – was sich auch aus der Tatsache erklärt, dass allein sie ins Parlament gewählt werden konnten. Der Philosoph und Ökonom John Stuart Mill, Verfasser des Werks *Die Hörigkeit der Frau*, hatte bereits 1867 im britischen Unterhaus ein Plädoyer für das Frauenwahlrecht gehalten. Seine Mitstreiter waren damals Henry Fawcett, ein erblindeter Professor für Ökonomie, der just in diesem Jahr Millicent Garrett heiratete, sowie Richard Pankhurst, Emmelines vierundzwanzig Jahre älterer Ehemann. Pankhurst, ein sozial engagierter Jurist, trug entscheidend dazu bei, sowohl die Abschaffung der Rechtsunfähigkeit von Frauen als auch das Eigentumsrecht von Ehefrauen im Vereinigten Königreich gesetzlich zu verankern. Als ihre Männer starben, setzten Millicent Fawcett und Emmeline Pankhurst deren Engagement für die Gleichstellung der Frauen auf außerparlamentarischem Wege fort und machten sie zu ihrer eigenen Sache.

Man sollte den Kampf für dieses politische Ziel also nicht nur mit zwei herausragenden Frauengestalten verbinden. Es gilt ebenso, zwei außergewöhnliche Ehen zu würdigen.

1870 hatte Richard Pankhurst im Unterhaus den ersten Gesetzesentwurf zum Frauenwahlrecht vorgelegt. Die Aussichten auf Erfolg waren zunächst nicht schlecht gewesen, doch William Gladstone, der damalige Premierminister, hatte sich dagegen ausgesprochen. Seine Begründung ist ein frühes Beispiel dafür, was in der Studentenbewegung der 1960er und 1970er Jahre dann repressive Toleranz genannt wurde. »Ich habe nicht die Befürchtung, dass die Frau die Macht des Mannes an sich reißt«, sagte er, »die Befürchtung, die ich habe, ist vielmehr, dass wir sie ungewollt ermutigen, gegen die Zartheit, die Reinheit, die Vornehmheit, die Erhabenheit ihres eigenen Wesens zu handeln, die gegenwärtig die Quellen ihrer Macht sind.« Sollten die Frauen sich doch bitte weiterhin dem Bild fügen, das die Männer von ihnen hatten, und das harte, schmutzige, niedrige Geschäft der Politik ihnen überlassen.

Soll man es den Frauen verdenken, dass einige von ihnen dreiunddreißig Jahre später Taten statt Worte sprechen ließen, nachdem der Gesetzesentwurf dem Parlament noch einige Male vorgelegen hatte, aber stets gescheitert war? Emmeline Pankhurst erinnerte sich daran, wie die männlichen Landarbeiter seinerzeit das Wahlrecht erstritten hatten: »Fest steht, sie haben es erreicht, indem sie Heuschober ansteckten und mit ihrem aufrührerischen Verhalten Stärke demonstrierten – die einzige Sprache, die englische Politiker verstehen. Die Drohung, einhunderttausend Mann Richtung Unterhaus in Marsch zu setzen, würde das Gesetz nicht angenommen, verfehlte nicht ihre Wirkung und brachte den Landarbeitern das Wahlrecht.« Das sollte den Suffragisten – so nannten sich die Aktivistinnen selbst – eine Lehre sein.

Damit verglichen, muteten die von ihnen ergriffenen Maßnahmen anfangs beinahe harmlos an, auf jeden Fall hatten sie mehr Witz. So verfremdeten sie die Penny-Münze mit dem Kopf König Eduards VII., indem sie quer über sein Gesicht die Worte VOTES FOR WOMEN (Wahlrecht für Frauen) einstanzten und so ihre Forderung unters Volk brachten. Das war ein subtiler Angriff gegen die Obrigkeit des Staates, wie Neill McGregor, der ehemalige Direktor des British Museum geschrieben hat, als sein Haus ein Exemplar eines derart von den Frauen für ihre Zwecke in Besitz genommenen Pennys ausstellte. Die Münze zeigt auf der einen Seite die stolze, starke Britannia als Verkörperung der britischen Nation, auf der anderen konfrontiert sie den Betrachter mit der Tatsache, dass der Staat die Hälfte seiner Bevölkerung von elementaren politischen Rechten ausschloss.

Eine wesentliche Rolle bei der militanten Strategie der WSPU spielte die Taktik, durch relativ harmlose Vergehen, etwa das Bespucken eines Polizisten, gerichtlich belangt zu werden, die Bezahlung der verhängten Geldstrafe zu verweigern und so ins Gefängnis zu kommen. Dadurch provozierte die Bewegung nicht nur Publizität und Aufmerksamkeit für ihr politisches Ziel, sondern auch große Anteilnahme in der Bevölkerung. Auch die Suffragetten entkamen jedoch nicht jenem unerbittlichen Gesetz der Ökonomie der Aufmerksamkeit, das die permanente Steigerung des Aufwandes verlangt, um den anfangs sich noch von leichter Hand einstellenden erwünschten Effekt zu wiederholen. Aus dem Bespucken und der Zahlungsverweigerung wurden mit der Zeit gezielte Steinwürfe, die Versendung von Briefbomben und der Hungerstreik inhaftierter Suffragetten. Die Regierung trieb die Eskalation voran und antwortete mit einem als »Cat and Mouse Act« bekannt gewordenen Gesetz, wonach durch Hungerstreik gefährdete Gefangene aus der Haft zu entlassen, nach ihrer Gesundung aber

---

»Deeds, not words« lautete das Motto
der von Emmeline Pankhurst (3. v. r.) und ihrer Tochter
Christabel (2. v. l.) gegründeten *Women's Social and Political Union*.
Hier bei einem Treffen der Organisation um 1906.

sofort wieder einzusperren seien. Als dieses Exempel wiederholte Male an Emmeline Pankhurst statuiert worden war, kam es zu jenem berühmten Akt von Kunstvandalismus, bei dem Mary Richardson in der Londoner Nationalgalerie Velázquez' Gemälde *Die Venus vor dem Spiegel* zerschlitzte. Als Rechtfertigung für ihre Tat gab sie an: »Ich hatte die Absicht, das Bild der äußerlich schönsten Frau in der Geschichte der Mythologie zu zerstören, um gegen die Regierung zu protestieren, die Emmeline Pankhurst zerstört hat, die innerlich schönste Frau in der Geschichte der Neuzeit.«

Später schrieb sie: »Der Feldzug der Suffragetten war sehr viel mehr als ›Wahlrecht für Frauen‹. Wir waren rebellierende Frauen, angeführt und finanziert von Frauen. Wir waren im Begriff, ein neues Zeitalter für Frauen herauszuführen, und bewiesen zum ersten Mal in der Geschichte, dass Frauen imstande waren, ihren eigenen Freiheitskampf zu führen. Wir haben alte sinnlose Barrieren eingerissen, die der Fluch unseres Geschlechts waren, und wir haben die Theorie und Vorstellungen der Männer über uns Frauen zerstört.« Wahrscheinlich hat Mary Richardson recht, trotz ihres verabscheuungswürdigen Angriffs auf ein Kunstwerk und obwohl sie in den 1930er Jahren zur Anführerin der Frauensektion der Britischen Union der Faschisten wurde. Der Kampf für das Frauenwahlrecht, der wie viele politische Kämpfe eine Eigendynamik entwickelte, bei der das anfängliche Ziel aus den Augen zu geraten drohte, hatte der Welt ein für alle Mal bewiesen, wozu Frauen gegebenenfalls in der Lage sind und dass das Klischee zartfühlender Vornehmheit nicht länger auf sie zutraf.

Das Frauenwahlrecht wurde dann in Großbritannien wie auch in vielen anderen europäischen Staaten kurz nach dem Ersten Weltkrieg eingeführt – ohne Zutun der Suffragettenbewegung, denn die hatte der Krieg zum Verstummen gebracht. Die entscheidenden Argumente dafür lieferten letztlich die kriegsbedingte Abwesenheit und später die erhebliche Dezimierung weiter Teile der männlichen Bevölkerung, aber auch die Bewährung der Frauen zu Kriegszeiten in traditionell männlichen Domänen. Egal ob Mann oder Frau, die Gesellschaft war, wie es Mary Richardson vorhergesagt hatte, in einen Zustand geraten, den die Viktorianer sich auch in ihren wildesten Fantasien nicht hatten träumen lassen.

Die Siegerin

1927 – 2017

Simone Veil

Nachdem das aktive und passive Frauenwahlrecht in den meisten europäischen Ländern durchgesetzt war, dauerte es viele Jahrzehnte, bis Ende der 1960er Jahre eine »neue« Frauenbewegung entstand. Dreh- und Angelpunkt dieser zweiten Welle der Emanzipation bildete das Selbstbestimmungsrecht der Frauen, anfänglich vor allem in den Bereichen Sexualität und Fortpflanzung. Nicht mehr die Gleichheit, sondern die Freiheit stand jetzt auf der Agenda der Emanzipation. In Frankreich ist dieser neue Abschnitt des langen Kampfes der Frauen für ihre Rechte unauflöslich mit dem Namen Simone Veil verknüpft, allein schon durch den Umstand, dass das 1974 von der Nationalversammlung verabschiedete Gesetz zur Liberalisierung des Schwangerschaftsabbruchs ihren Namen trägt: »Loi Veil«.

Simone Veil stammt aus einer jüdischen Familie, die in Nizza lebte. André Jacob, der Vater, von Beruf Architekt, war ein Veteran des Ersten Weltkrieges. Die Mutter, atheistisch eingestellt, gab ihr Chemiestudium auf, um sich ganz der Familie zu widmen. Simone Veil hatte drei Geschwister. Die Familie Jacob verstand sich als bürgerlich-republikanisch; französischer konnte man kaum sein.

1944 wurde die gesamte Familie von der Gestapo verhaftet. Der Vater und der Bruder wurden nach Litauen deportiert und kamen nicht mehr zurück. Die Schwester Dénise, die der Résistance angehörte, wurde ins Frauenkonzentrationslager Ravensbrück verschleppt, konnte aber überleben. Simone selbst wurde mit ihrer anderen Schwester und der Mutter nach Auschwitz deportiert, wo zwischen 1940 und 1945 weit über eine Million Menschen ermordet wurden, der weitaus größte Teil davon Juden. Der sofortigen Vergasung entkam die Sechzehnjährige nur, weil sie vorgab, älter zu sein. Die drei Jacobs gehörten zu den zigtausend Häftlingen, die im Januar 1945 evakuiert und in Todesmärschen nach Westen getrieben wurden. Die Mutter starb am 15. März an der in Bergen-Belsen grassierenden Typhusepidemie. Einen Monat später wurden Simone und ihre Schwester von englischen Streitkräften befreit. »Wir haben damals gedacht, niemand wird zurückkommen«, sagt Simone Veil heute. »Aber wir haben gesiegt.«

1974 gelang es Simone Veil, vor der Nationalversammlung
das Gesetz für die Liberalisierung des
Schwangerschaftsabbruchs durchzubringen.

Gesiegt hat Simone Veil auch zwanzig Jahre später im Kampf um die Reformierung des französischen Abtreibungsparagrafen. Von 1974 bis 1979 war die studierte Juristin französische Gesundheitsministerin, die erste »Madame le Ministre« überhaupt. Und man versteht ihr leidenschaftliches Engagement in dieser zentralen Frauenfrage am besten, betrachtet man es vor dem Hintergrund der jüngsten Geschichte dieses Paragrafen in Frankreich. 1942, als weite Teile des Landes von deutschen Nationalsozialisten und italienischen Faschisten besetzt waren, war der Schwangerschaftsabbruch zum »Verbrechen gegen die Staatssicherheit« erklärt und die Abtreibung mit der Todesstrafe belegt worden. In Anwendung des Gesetzes wurde am 30. Juli 1943 die »Engelmacherin« Marie-Louise Giraud, der Beihilfe zum Schwangerschaftsabbruch in sechsundzwanzig Fällen nachgewiesen werden konnte, im Pariser Gefängnis La Roquette von Scharfrichter Jules-Henri Desfourneaux durch die Guillotine enthauptet. Staatschef Philippe Pétain hatte zuvor eine Begnadigung abgelehnt. 1988 hat der französische Regisseur Claude Chabrol einen Film über den spektakulären Fall mit Isabelle Huppert in der Rolle der Marie-Louise Giraud gedreht.

Nach der Befreiung war Frankreich wieder zum Gesetz von 1923 zurückgekehrt, wonach Personen, die einen Abbruch an einer Schwangeren vornahmen, mit Gefängnis von einem bis fünf Jahre bedroht waren, während die Schwangeren selbst sechs Monate bis zwei Jahre riskierten. Und seit 1955 war auch die Abtreibung aus therapeutischen Gründen erlaubt. Anfang der 1970er Jahre hatte sich jedoch die gesellschaftliche Auseinandersetzung um die Abtreibung wieder verschärft. Die Gegner der Strafbarkeit von Schwangerschaftsabbrüchen machten auf bedrückende Zahlen aufmerksam: Zu dieser Zeit schätzte man die Zahl der illegalen Abtreibungen auf einige Hunderttausend. Viele davon wurden weiterhin unter entwürdigenden und lebensbedrohenden Umständen vorgenommen. Die revolutionäre Bewegung vom Mai 1968 hatte zudem den Gedanken der Selbstbestimmung in den Herzen und Köpfen der Französinnen verankert. Aber auch die Gegner einer Reform machten Front, indem sie zu Vergleichen griffen, durch die sich eine Frau wie Simone Veil hochgradig verletzt und zugleich bei ihrer Ehre als Frau und Bürgerin gepackt fühlen musste. Die Gegner einer Legalisierung schreckten nicht davor zurück, diese mit dem Holocaust zu vergleichen, dem Simone Veil gerade noch einmal entronnen war. Das Wort vom Genozid machte die Runde: Der Mord an den Juden in Auschwitz, Tierexperimente und eine Fristenlösung wurden auf eine Ebene gestellt. Auf dem Höhepunkt der Auseinandersetzung fragte ein Abgeordneter die Gesundheitsministerin im Parlament, ob sie wirklich einverstanden sei,

Embryos in Verbrennungsöfen zu werfen. Die französische Abtreibungsdebatte war auch eine Wiederkehr der verdrängten Vergangenheit ein Vierteljahrhundert danach.

Zwei Ereignisse trugen zusätzlich zur Verschärfung der Auseinandersetzung bei. Am 5. April 1971 lancierte der *Nouvel Observateur* eine spektakuläre Aktion: »J'ai avortée« (Ich habe abgetrieben). 343 Französinnen hatten das »Manifest der Schlampen«, wie es vom Volksmund bald genannt wurde, unterschrieben und sich einer strafbaren Abtreibung bezichtigt. Darunter waren so prominente Frauen wie Jeanne Moreau, Catherine Deneuve, Marguerite Duras und natürlich Simone de Beauvoir, von der auch der Text des Manifestes stammte.

Im Jahr darauf kam es im Pariser Vorort Bobigny zu einem aufsehenerregenden Prozess. Angeklagt war die siebzehnjährige Marie-Claire, die mit Unterstützung der Mutter und von zwei Arbeitskolleginnen abgetrieben hatte. Angezeigt hatte sie der Vater des ungeborenen Kindes. Bei Simone Veil und anderen Französinnen ihrer Generation weckte der Prozess Erinnerungen an den Fall der Marie-Louise Giraud. Doch Gisèle Halimi, der Anwältin der Siebzehnjährigen, gelang es, einen Freispruch für ihre Mandantin zu erwirken. 1971 hatte Gisèle Halimi, Tochter eines Berbers und einer Jüdin, zusammen mit Simone de Beauvoir und anderen die feministische Gruppe *Choisir la cause des femmes* gegründet, um Frauen zu verteidigen, die das »Manifest der 343« unterzeichnet hatten. Jetzt rief sie viele dieser prominenten Frauen in den Zeugenstand. Das Gericht begründete den Freispruch damit, dass das Gesetz von 1920 einer Revision bedürfe.

Nicht zuletzt dadurch kam es zu einem irreversiblen Meinungsumschwung in Sachen Abtreibung in Frankreich. 1973 bekannten sich in einem weiteren Manifest über dreihundert Ärzte namentlich dazu, Abtreibungen durchgeführt zu haben. Auch der neue Staatspräsident Valéry Giscard d'Estaing setzte sich für eine Liberalisierung des Schwangerschaftsabbruchs ein. »Ein Kind, wenn ich will, wann ich will«, lautete die Parole der Französinnen, die dafür auf die Straße gingen. Ende November 1974 dann debattierte die französische Nationalversammlung das von Simone Veil vorgelegte neue Abtreibungsgesetz. Nach einer fünfundzwanzigstündigen Debatte wurde die »Loi Veil« mit großer Mehrheit verabschiedet. Das Gesetz war bewusst als Kompromissformel angelegt: Es gab den Schwangerschaftsabbruch bis zur zehnten Woche frei, Bedingung waren zwei Konsultationen und eine Bedenkfrist von einer Woche.

Als Gesundheitsministerin setzte Simone Veil, selbst Mutter von drei Kindern, Maßnahmen durch, die die Rechte und die Situation von Müttern verbesserten. Und sie sorgte vor allem für einen leichteren Zugang zu Verhütungsmitteln, damit Abtreibung gar keine Frage sein muss. Die seit 1967 auch in Frankreich legalisierte Antibabypille wurde Ende der 1970er Jahre schon von drei Viertel aller Frauen um die zwanzig verwendet. Zum ersten Mal waren sie dadurch in der Lage, die Entscheidung über eine Verhütung unabhängig vom Mann zu treffen.

Was, wenn Frankreichs populärste Politikerin nicht nur die erste Frau in einem Ministeramt, sondern auch die erste französische Premierministerin geworden wäre – etwa in den 1970er Jahren unter Giscard d'Estaing oder unter Mitterrand? Simone Veils Klage, dass Frankreich Frauen nicht den Platz in der Politik einräumt, der ihnen gebührt, ist inzwischen erhört worden, aber auf eine Weise, die nicht nur den französischen Feministinnen nicht gefallen kann. Marine Le Pen, seit 2011 Vorsitzende des »Front National« (FN), der sich mit

---

Bei einer Aktion des *Nouvel Observateur* im April 1971
bekannten sich 343 Französinnen dazu, illegal abgetrieben zu haben.

mittlerweile »Rassemblement National« (RN) nennt, und vielleicht die gefährlichste Rechtspolitikerin Europas, ist zwar bei den französischen Präsidentschaftswahlen bislang stets Männern unterlegen (erst Francois Hollande und später zweimal Emmanuel Macron), aber das muss ja nicht so bleiben. Allein die Tatsache, dass eine Frau ein einflussreiches politisches Amt erobert, garantiert noch lange keine freiheitliche Politik – auch das eine Illusion, von der wir uns in den letzten Jahren verabschieden mussten.

Feminismus meets Journalismus

*1942

Alice Schwarzer

Viel ist über die Achtundsechziger-Bewegung gestritten und im Nachhinein geschrieben worden, Apologetisches wie Kritisches. In einem stimmen Apologeten und Kritiker indes überein: Die neue Frauenbewegung sei aus der Studentenrevolte von 1968 hervorgegangen, das zeige doch schon ein Blick auf die Chronologie der Ereignisse. Dagegen erhebt Alice Schwarzer, Deutschlands bekannteste Feministin, seit Jahren Einspruch, indem sie auf ihre eigene Rolle in dem Geschehen hinweist. Und das zu Recht.

Denn in der Tat formierte sich die sogenannte zweite Welle der Frauenbewegung in Deutschland als Protest gegen die Ignoranz, die die von Männern dominierte Studentenbewegung der Frauenfrage entgegenbrachte. 1968 hielt die spätere Filmemacherin Helke Sander auf einer Konferenz des *Sozialistischen Deutschen Studentenbundes* eine Grundsatzrede zur spezifischen Ausbeutung der Frauen. Als die Genossen überhaupt nicht zuhörten, entstand unter den anwesenden Frauen ein Tumult, und der nächste Redner wurde von ihnen mit Tomaten beworfen. Die spätere Terroristin Ulrike Meinhof kommentierte diesen Vorfall damals in der Zeitschrift *Konkret* mit dem berühmt gewordenen Satz, offenbar müssten »noch erst ganze Güterzüge von Tomaten verfeuert werden, bis da etwas dämmert«. In der Folge kam es im linken studentischen Milieu zur Bildung von Frauengruppen. »Befreit die sozialistischen Eminenzen von ihren bürgerlichen Schwänzen!«, lautete eine ihrer Forderungen.

Vorbild für die provozierenden Aktionen waren aber keineswegs die Suffragetten der alten Frauenbewegung, von denen die neuen Feministinnen in der Regel noch nie etwas gehört hatten. Vorbild waren die radikalen Frauen des US-amerikanischen *Women's Liberation Movement*. Sie hatten Anfang des Jahres 1968 eine Leichenprozession für die »traditionelle Weiblichkeit« veranstaltet und auf einem Heldenfriedhof eine blond gelockte Puppe samt Büstenhalter, Strumpfhalter und Rabattmarken begraben – als Sinnbild der amerikanischen Mom.

In dieser, vorsichtig gesprochen, unübersichtlichen Situation betrat die junge Journalistin Alice Schwarzer die Bühne und gab den diffusen Protesten der Studentinnen, die ansonsten wohl einigermaßen sang- und klanglos verhallt wären, Richtung und Ziel. Die im Krieg geborene und als Trümmerkind in unkonventionellen Familienverhältnissen aufgewachsene Wuppertalerin hatte sich mit einundzwanzig Jahren nach Paris aufgemacht, um deutschen Biedersinn und Hartleibigkeit gegen französische Leichtlebigkeit und Freizügigkeit einzutauschen. Die Revolte vom Mai 1968 erlebte sie im Quartier Latin und bekam bald darauf Kontakt zum *Mouvement de libération des femmes* (MLF), dem

Sie hat Tabus gebrochen und gilt immer noch als provozierend, mutig und kämpferisch: *Emma*-Verlegerin und -Chefredakteurin Alice Schwarzer in der Kölner Redaktion, 2002.

französischen Netzwerk der Frauenbefreiung. Bei einem Interview mit Jean-Paul Sartre lernte sie Simone de Beauvoir kennen, die sie fortan glühend verehrte und deren feministische Positionen sie weitgehend übernahm. Im April 1971 erhielt sie einen Anruf von einem Redakteur des *Nouvel Observateur*, der plante, dessen spektakuläre Abtreibungsaktion nach Deutschland zu exportieren. Alice Schwarzer vermittelte dafür die Illustrierte *Stern* und sich selbst gleich mit als Initiatorin und Organisatorin der Kampagne. Es gelang ihr, 374 Frauen davon zu überzeugen, sich selbst einer Abtreibung zu bezichtigen, unter Missachtung dessen, was juristisch dadurch auf sie zukommen könnte; immerhin gaben sie damit eine strafbare Handlung zu. Am 6. Juni 1971, keine zwei Monate nach der französischen Kampagne, waren auf der Titelseite des *Stern* unter der Schlagzeile »Wir haben abgetrieben!« die Köpfe von mehr als zwei Dutzend Frauen abgebildet, darunter Romy Schneider, Senta Berger, Vera Tschechowa und Sabine Sinjen.

Fest steht, dass Alice Schwarzer mit dieser Aktion den deutschen Feminismus aus den Hörsälen befreit und ihm ein Mediengesicht gegeben hat, das ihn in der Mitte der Gesellschaft, sozusagen in den bürgerlichen Schlafzimmern, ankommen ließ. Man kann darin aber auch eine Verengung erblicken. Denn in der Folge verfestigte sich zumindest in der Bundesrepublik der Eindruck, dass der zentrale Punkt der Frauenfrage die sexuelle Unterdrückung der Frauen durch die Männer sei. Sexualität, Fortpflanzung und Partnerschaft spielen im Hinblick auf die individuellen Selbstverwirklichungs- und Freiheitsrechte gewiss eine große Rolle, aber es gibt auch andere, kaum weniger wichtige Bereiche, in denen die Gleichstellung der Frauen damals noch nicht erreicht war und bis heute beträchtliche Defizite aufweist. Zu nennen sind da Einkommen, Hausarbeit, Karriere, Kindererziehung, Politik und Berufswahl. Immerhin hält die Mehrzahl der deutschen Frauen die Frage der Vereinbarkeit von Beruf und Familie für das frauenpolitische Thema Nummer eins.

Beflügelt auch durch das Aufsehen, das die *Stern*-Kampagne erregt hatte, setzte Alice Schwarzer darauf, dass das »tiefste Geheimnis und Herrschaftsmittel des Patriarchats« die »sexuelle Unterdrückung der Frauen durch die Männer« sei. In ihrem 1975 erschienenen Buch *Der kleine Unterschied und seine großen Folgen* erklärte sie die Sexualität, insbesondere die von ihr so genannte »Zwangsheterosexualität« zum Dreh- und Angelpunkt der Frauenfrage: »Hier fallen die Würfel. Hier liegen Unterwerfung, Schuldbewusstsein und Männerfixierung von Frauen verankert. Hier steht das Fundament der männlichen Macht und weiblichen Ohnmacht.« Siebzehn Protokolle von Frauenschicksalen zeichneten ein angstbesetztes Bild von Sexualität. Da war die Rede von aggressiver Penetration,

von der Ehe als Form der Prostitution, vom Damoklesschwert der ungewollten Schwangerschaft. Sollten die Pille und das neue Körperbewusstsein der Make-Love-Not-War-Generation den Frauen in der Tat kaum sexuelle Freiheiten gebracht haben? Zum ersten Mal bahnte sich ein Generationenkonflikt in der neuen Frauenbewegung an, der mit unterschiedlichen Lebenskontexten und Erfahrungen zu tun hatte und mit der Zeit an Schärfe zugenommen hat.

In der *Stern*-Kampagne war es Alice Schwarzer zum ersten Mal gelungen, ihre beiden Leidenschaften – Journalismus und Feminismus – zu verbinden. Mit der 1977 gegründeten *Emma* schuf sie dann eine »Kiosk-Zeitschrift in

---

Zwei Ikonen des Feminismus: Alice Schwarzer und Simone de Beauvoir
bei Dreharbeiten zu einem TV-Porträt über Beauvoir, 1975.

Feministinnenhand«, die ihr das auf Dauer ermöglichte. Seither ist sie deren Verlegerin und Chefredakteurin in Personalunion, eine Nachfolgerin ist bis heute nicht in Sicht. Mit der *Emma* als publizistischer Plattform gelang es Alice Schwarzer, feministisches Gedankengut unter die Leute zu bringen und zugleich dem bundesrepublikanischen Feminismus ihren Stempel aufzudrücken. Und wer ihr Magazin nicht las, der begegnete ihrer Person doch unweigerlich im Fernsehen.

In letzter Zeit sieht sich Alice Schwarzer, die der Gefahr, zum feministischen Über-Ich zu werden, nicht immer widerstanden hat, zusehends der Kritik ihrer feministischen Töchter ausgesetzt. Zudem häufen sich gerade in den letzten Jahren politische Stellungnahmen von ihrer Seite, die, vorsichtig ausgedrückt, von einem gewissen Orientierungsverlust der ehedem Progressiven zeugen – etwa wenn sie gemeinsam mit Sahra Wagenknecht für einen Stopp der Waffenlieferungen an die Ukraine eintritt, die Abschaffung des internationalen Frauentages als einer »sozialistischen Erfindung« fordert oder Transgender bzw. Nicht-Binarität als »sektiererische Absurditäten einer Minderheit« bezeichnet.

Ohne Zweifel hat der Feminismus der 1970er Jahre viel erreicht: Er hat wie schon die erste Frauenbewegung die Leitbilder und Lebensentwürfe von Frauen grundlegend verändert (weniger allerdings die der Männer). Dennoch sind viele jüngere Frauen mit dem Zustand der Frauenbewegung in Deutschland unzufrieden. Paradoxerweise scheint ihr gerade der Erfolg von Frauen wie Alice Schwarzer oder Angela Merkel den Wind aus den Segeln genommen zu haben – als ob ihre Forderungen schon erfüllt wären. Dagegen steht eine Rechnung der Vereinten Nationen: Derzufolge bräuchte die Gleichberechtigung noch ungefähr fünfhundert Jahre, wenn sie im jetzigen Tempo weiterginge. Zu lange.

Rebellische Zeitzeuginnen

---— Kapitel 4 ———

Zeugin ihrer Zeit wird, wer als Zeitgenossin Zeugnis geben kann von bedeutsamen Vorgängen, insbesondere von solchen, die zu tiefgreifenden Veränderungen führen. Deshalb ist es beileibe kein Widerspruch, wenn eine Zeitzeugin zugleich Rebellin ist, eine, die aufbegehrt gegen die Zeitläufte, sich ihnen widersetzt.

Die Frauen dieses Kapitels sind Zeuginnen der Zeit, der sie sich entgegenstellen, auch dadurch, dass sie zugleich über die Gründe reflektieren, weshalb sie das tun bzw. gar nicht anders können. Sie Journalistinnen zu nennen wäre bei Nellie Bly, Oriana Fallaci oder Anna Politkowskaja als Berufsbezeichnung zumindest in Teilen korrekt, würde aber kaum etwas über ihre Persönlichkeit und deren tiefere Beweggründe aussagen. Es ist kein Zufall, dass die drei Genannten neben ihrer journalistischen Tätigkeit zugleich noch eine andere Basis in der Welt hatten bzw. haben: Nellie Bly war Abenteurerin, Oriana Fallaci war Schriftstellerin, die auch einige Romane verfasst hat, Anna Politkowskaja das, was man heute in Verlegenheit eines besseren Begriffs Menschenrechtsaktivistin nennt, Arundhati Roy ist beides und glaubt an einen gemeinsamen Ursprung von Poesie und Politik. Susan Sontag wiederum wollte Journalistin so wenig wie Professorin sein, sondern eine Schriftstellerin, die auch Intellektuelle ist, während Swift Taylor, die berühmteste Singer-Songwriterin der Welt und einer der einflussreichsten Frauen auf unserem Planeten, ein role model für Millionen junger Frauen ist, die in einer immer noch von Männern dominierten Welt ihren eigenen Weg gehen wollen.

Bei aller Unterschiedlichkeit der benutzten Medien und des jeweiligen Selbstverständnisses haben die hier vorgestellten Frauen jedoch eines gemeinsam: Ihr Verhältnis zur Welt ist durch Engagement bestimmt, gleichgültig, ob die von ihnen gewählte Ausdrucksform nun das Interview, der Zeitungsartikel, die Reportage, der zeitkritische Essay, der Roman, das politische Sachbuch oder eben der Song ist. Der Begriff des Engagements hat seine Karriere im Umkreis des französischen Existenzialismus von Jean-Paul Sartre und Simone de Beauvoir begonnen. Er steht dort für ein selbstgewähltes, jedoch keineswegs unverbindliches Sicheinlassen auf bestimmte Situationen und Positionen, woraus eine nicht mehr auflösbare Verpflichtung erwächst. Der Mensch ist zwar das, was er aus sich macht, aber durch sein Engagement, sein Handeln erhält sein Lebensentwurf Verbindlichkeit. Nur wer sich mit Haut und Haar auf die Welt einlässt und in ihr Position bezieht, kann in ihr auch bestehen und etwas aus sich machen. Der engagierte Mensch ist so wagemutig wie entschlossen und bekommt dadurch etwas Heldenhaftes – so wie die fünf hier vorgestellten rebellischen Zeitzeuginnen.

Die Stunt Reporterin

1864 – 1922

Nellie Bly

Dieser verdammte Mob von kritzelnden Frauen«, schimpfte der Schriftsteller Nathaniel Hawthorne 1855. Und er prophezeite: »Die tintenklecksenden Amazonen werden ihre Konkurrenz« – womit er die ›kritzelnden Männer‹ und vor allem sich selbst meinte – »durch ihren Erfolg vertreiben, und Petticoats werden triumphierend über das weite Land wehen.« Immer wieder hat die Literatur- und Mediengeschichte Phasen des Vorandrängens und sogar der Vormachtstellung von Frauen gekannt. Jane Austen war beileibe nicht allein auf weiter Flur. Nur sind ihre Mitstreiterinnen und Konkurrentinnen um die Gunst des (weiblichen) Lesepublikums vergessen, verdrängt aus einer von Männern geschriebenen und auf deren Leistungen fokussierten Literaturgeschichte.

Ein schlagendes Beispiel dafür sind die »Girl Stunt Reporters« – ein Phänomen zum Ende des Jahrhunderts, an dessen Anfang Jane Austen und ihre Schwestern so erfolgreich waren. Gemeint waren damit junge investigative Journalistinnen, die verdeckt, undercover, recherchierten, indem sie sich unbemerkt in mehr oder weniger verschlossene Lebenswelten einschlichen, um die dort herrschenden Missstände aufzudecken. Oder sie versetzten die Welt durch spektakuläre Aktionen ins Staunen – oftmals in der Absicht, sie zu verändern, stets aber auch zur Vermehrung der eigenen Bekanntheit. Sie gaben sich – wie Günter Wallraff ein Jahrhundert später – als Fabrikarbeiter aus und berichteten über unmenschliche Arbeitsbedingungen und sexuelle Belästigung, sie deckten die menschenverachtenden Praktiken korrupter Adoptionsvermittlungsstellen auf, fielen angeblich mitten auf der Straße in Ohnmacht, um die Notwendigkeit öffentlicher Rettungsdienste zu beweisen, ritten auf Elefanten, umrundeten den Globus in weniger als 80 Tagen und führten Interviews mit mutmaßlichen Mörderinnen.

Sie hießen oder nannten sich Nell Nelson, Eva May oder Kate Swan McGuirk und praktizierten »New Journalism«, lange bevor Tom Wolfe, Truman Capote oder Norman Mailer den subjektiven, szenenorientierten Reportagestil in den 1960er und 70er Jahren zur Mode machten. Eine Zeitlang begeisterten sie ein aufgeschlossenes Lesepublikum, das hungrig war nach einer neuen

Schreibe, nach neuen Geschichten und Gesichtern und nach Aufregung. Ihre Artikel waren voller dramatischer Wendungen, gewürzt mit menschlicher Anteilnahme und herausforderndem Witz – Schilderungen aus erster Hand, geschrieben von Geschichtenerzählerinnen mit Charisma. Sich zu verkleiden und die Gefahr zu suchen, wurde eine Chance für Frauen, einen Fuß in die Tür der schreibenden Zunft zu bekommen. Der Journalismus ermöglichte es ihnen, zumindest temporär Rollen zu übernehmen, die ihnen die Gesellschaft versagte: vom Einsatz in einem Rettungsteam bis zur Zugführerin. Auf diese Weise beherrschte plötzlich ein neuer Frauentyp die Schlagzeilen; sie war kein Opfer mehr, sondern Hauptdarstellerin, und nicht selten handelte es sich um die Reporterin selbst. Ihr Markenzeichen: Zivilcourage. Mit einem bemerkenswerten Ergebnis: Während es um 1880 für eine Journalistin noch beinahe unmöglich gewesen war, dem Klischee der Frauenseite zu entkommen – jener Art des Schreibens, die eine Zeitgenossin als »Prostitution des Gehirns« bezeichnete –, veröffentlichten die amerikanischen Zeitungen um 1900 mehr Artikel von Frauen als von Männern. Aber wie auch im Fall von Jane Austen ist nur ein einziger Name dieser neuen Generation von schreibenden Frauen im Gedächtnis geblieben: Nellie Bly.

Und auch das vorrangig wegen eines Coups, den sie landete, nachdem ihr Name als Stunt Reporterin bereits in aller Munde war. Er hatte den Charakter einer Wette: Phileas Fog, die männliche Hauptfigur aus Jules Vernes Bestseller »In 80 Tagen um die Welt« zu schlagen, und zwar in der Realität, nicht in der Fiktion. Nellie Bly benötigte für ihre Weltreise schließlich 72 Tage und besiegte damit eine ebenfalls schreibende Konkurrentin, die zur gleichen Zeit aufgebrochen war, allerdings die Strecke in umgekehrter Richtung zurücklegte. Es war ein Spektakel, das sich die beiden Zeitungen ausgedacht hatten, für die die beiden Damen schrieben: Joseph Pulitzers *New York World* im Fall von Bly, die *Cosmopolitain* im Fall ihrer Konkurrentin. Der journalistische Ertrag war in beiden Fällen dürftig: zu sehr waren die Reisenden mental mit dem Rekord bzw. dem Wettbewerb untereinander beschäftigt, als dass sie außer zugigen Eisenbahnabteilen, lästigen Einheimischen und den üblichen hochnäsigen Klischees viel mitzuteilen gehabt hätten. Aber immerhin bewiesen sie, dass Frau kann, was bislang nur Männern zugetraut wurde.

Ihre journalistischen Meriten hatte sich Nellie Bly da bereits mit einer Reportage verdient, die sie im Jahr zuvor in zwei Teilen in der *New York World* veröffentlich hatte. Angeboten hatte sie eigentlich eine Geschichte über europäische Einwanderer, die sie auf ihrer Überfahrt nach Amerika begleiten und deren Schicksale sie sich dabei schildern lassen wollte. Doch Pulitzer schickte die gerade Anfang Zwanzigjährige auf eine Recherchereise ins Herz der Finsternis der eigenen Stadt: Die im East River zwischen Queens und Manhattan gelegene Blackwell's Island war eine Insel der Ausgegrenzten – mit einem Gefängnis, einem Hospital für Pockenkranke und dem »New York City Lunatic Asylum«.

Über die psychiatrische Anstalt kursierten wilde Gerüchte und schaurige Geschichten: von hoffnungsloser Überbelegung, Mangelernährung und Skorbut, von prügelnden, aus Gefängnissen rekrutierten Aufsehern. »Könnte ich eine Woche im Irrenhaus auf Blackwell's Island überstehen?«, beginnt Bly ihre Reportage. »Ich sagte, ich könnte und ich würde. Und ich tat es.« Sie legte abgerissene Kleidung an und quartierte sich in einem Armenasyl ein. Dort benahm sie sich auffällig: gab vor, ihre Erinnerung verloren zu haben, starrte mit leerem Blick in die Gegend und verweigerte alles, von der Nahrungsaufnahme bis zum Schlaf. Schließlich wurde die Polizei geholt, es gab einen Gerichtstermin, Bly wurde Psychiatern vorgeführt. Diese erklärten, sie leide an »hysterischer Manie« – jener Form von Verrücktheit, worunter nach damaliger Auffassung potentiell alle Frauen litten, besonders diejenigen, die sich keinem Mann unterworfen hatten. So landete sie schließlich tatsächlich auf Blackwell's Island.

Dort war alles noch viel schlimmer als erwartet. Die Mehrzahl der hier verwahrten Frauen war gar nicht »verrückt«, sondern lediglich vom Schicksal gebeutelt. Doch konnten sie tun oder sagen, was sie wollten: Ihre Beschwerden, sei es über das verschimmelte Brot, das sie zu essen bekamen, sei es über die körperliche und seelische Gewalt, die sie von den »Pflegerinnen« zu erleiden hatten, wurden von den Ärzten ausnahmslos als Wahnvorstellungen abqualifiziert. Wer den Mund nicht hielt, dem drohte Isolationsverwahrung. »Die Irrenanstalt von Blackwell's Island ist eine menschliche Rattenfalle«, urteilte Bly in ihrem aufsehenerregenden Artikel: »Es ist leicht, hineinzukommen, aber einmal drin, ist es unmöglich, wieder herauszukommen.«

Auch ihr selbst gelang das nur durch eine Intervention seitens der Zeitung. Immerhin aber bewirkte ihr Artikel, dass sich die Zustände dort besserten. Die Stunt Reporterinnen hingegen erlitten erst das Schicksal der Verdrängung, dann der Amnesie. Mit dem Spanisch-Amerikanischen Krieg und allen weiteren Kriegen, die das Zeitalter der Extreme brachte, wurde die investigative Recherche wieder Männersache. Als man später den »Neuen Journalisten« vorhielt, sie würden ihre Vorläufer im 19. Jahrhundert ignorieren, fielen ausschließlich männliche Namen – so sehr waren die Stunt Reporterinnen in Vergessenheit geraten. Und wo nicht, wurden sie als »muckraker« abgetan – Schmutzfinken. Doch dem Blick auf die Welt, den die von Hawthorne verachteten »kritzelnden Frauen« wie Ellie Bly um 1900 riskierten, sollte letztlich die Zukunft gehören. Von heute aus gesehen, sind längst nicht mehr sie ein Teil seiner, der Geschichte der Männer, wovon einer wie Hawthorne selbstverständlich ausging. Nun steht er mit seinem frauenfeindlichen Unsinn auf der falschen Seite der Geschichte, in der Frauen wie Nellie Bly zu Kronzeuginnen der Veränderung werden.

Nellie Bly, Mitte 20, auf dem Höhepunkt ihres Ruhms: Da hatte sie ihre aufsehenerregende Undercover-Reportage über die psychiatrische Anstalt auf Blackwell's Island bereits veröffentlicht und in gerade einmal 72 Tagen die Welt umrundet.

Die Agitatorin

1929 – 2006

Oriana Fallaci

Interviewtermine mit ihr waren so gefürchtet wie begehrt. Ihre entwaffnende Offenheit verleitete ihr Gegenüber häufig dazu, mehr aus sich herauszugehen und von sich preiszugeben, als beabsichtigt war und dem Ruf guttat. Allzu bescheiden nannte Oriana Fallaci ihre Interviews »Monologe, angeregt durch Fragen und Bemerkungen meinerseits«. Mit ihren Fragen und beiläufigen Bemerkungen gelang es ihr immer wieder, das Gegenüber zur Aufrichtigkeit zu zwingen. Etwa, als sie im Oktober 1973 Mohammed Reza Pahlavi, den Schah von Persien, interviewte und dieser es vorzog, statt über die Verhältnisse in seinem Land über seine religiösen Erscheinungen zu reden: »Ich verstehe Sie ganz und gar nicht, Majestät«, warf Oriana Fallaci ein, »wir hatten so einen guten Start erwischt, und jetzt das ... diese Sache mit den Visionen, den Erscheinungen ... Ich kapiere das nicht.« Und als er darauf beharrte und weiterhin auswich, wurde sie deutlicher: »Wenn ich versuche, mit den Menschen hier in Teheran über Sie zu sprechen, treffe ich auf ein verschlossenes, ängstliches Schweigen. Die Menschen trauen sich nicht einmal, Ihren Namen auszusprechen, Majestät. Wieso das?« Als der Schah sich damit herauszureden versuchte, die Tatsache, dass sie hier neben ihm sitze und ihn interviewe, zeige doch, dass im Iran Demokratie und Freiheit herrschten, insistierte Oriana Fallaci, indem sie, wie es ihre Art war, dem Gespräch eine Wendung ins Persönliche gab: »Wenn ich Perserin statt Italienerin wäre und würde hier leben, nach meiner Façon, und so denken, wie ich es tue, Sie zum Beispiel kritisieren, würden Sie mich dann ins Gefängnis werfen?« »Wahrscheinlich«, lautete die entlarvende Antwort.

  Die Frau, die vor den Großen dieser Welt keinen Respekt hatte, war von kleiner Statur, ausgesprochen hübsch, mit glattem, weichem Haar und schwermütig blickenden, blaugrauen Augen; sie besaß einen hinreißenden italienischen Akzent und sprach dabei mit einer vom vielen Zigarettenkonsum verrauchten Stimme, die ungeheuer sexy war. Ihre ganze Erscheinung muss an die Beschützerinstinkte der mächtigen Männer appelliert haben, und sie dürfte das gewusst und für ihre Zwecke ausgenutzt haben. Fallacis Art zu interviewen war eine Mischung aus existenzieller Nähe zu ihrem Gegenüber und dessen bewusster Verunsicherung mithilfe einstudierter Aggressivität. Dazu kam die Taktik, dem Gespräch unerwartete Wendungen zu geben und das Gegenüber so aus der Deckung zu locken.

Von Mitte der 1960er bis Mitte der 1980er Jahre galt Oriana Fallaci als die härteste Interviewerin weltweit. Zu ihren Gesprächspartnern gehörten die mächtigen und charismatischen Männer und Frauen auf dem Globus, darunter Willy Brandt, Jassir Arafat, Golda Meir, Indira Gandhi, Muammar al-Gaddafi, der Ayatollah Khomeini, Deng Xiaoping und Lech Wałęsa. Henry Kissinger nannte das Interview mit ihr »das katastrophalste Pressegespräch«, das er jemals geführt habe. Oriana Fallaci hatte ihn dazu gebracht, einzugestehen, dass der Vietnamkrieg nutzlos war, und sein Selbstbild als Politiker preiszugeben: Die Amerikaner, so prahlte er, würden ihn dafür bewundern, dass er stets einsam agiere – wie »der Cowboy, der den Treck anführt, indem er auf seinem Pferd alleine voranreitet, der Cowboy, der ganz allein hoch zu Ross in die Stadt einzieht«.

Ihre Interviews, die sie im Auftrag großer Zeitungen und Magazine führte und später gesammelt herausgab, nannte sie Interviews mit der Geschichte und Unterhaltungen mit der Macht. Dabei hatte sie nicht nur einen siebten Sinn für das politisch Böse, sondern, wie sie 1976 in einem Vorwort bekannte, eine grundsätzliche Abneigung gegen Macht im Allgemeinen. »Ob sie nun von einem despotischen Herrscher oder einem gewählten Präsidenten, von einem Mörder-General oder einem geliebten Führer herrührt, für mich ist Macht stets ein unmenschliches und hassenswertes Phänomen ... Immer habe ich den Ungehorsam gegenüber den Unterdrückern als den einzigen Weg betrachtet, dem Wunder, auf der Welt zu sein, gerecht zu werden.«

Ungehorsam der Macht gegenüber bedeutete für sie auch, deren Lächerlichkeit aufzuzeigen. Was sie in fast allen Schriften zum Phänomen der Macht vermisste, war der Blick auf deren so oft groteske Inszenierung. Indem sie Macht stets mit großem Ernst betrachteten, so warf sie Historikern und Politikwissenschaftlern vor, und das auf seltsame Weise Komische an ihr ausblendeten, würden sie mit dazu beitragen, die Mächtigen zu würdigen und als legitim erscheinen zu lassen. Man solle sie in dem Punkt nicht missverstehen: Natürlich seien Leiden und Tod, die wesentlichen Elemente von Macht, alles andere als komisch, und ihre Darstellung als Tragödie dadurch gerechtfertigt. Andererseits sei das aber ein Fehler: »Wenn wir ausschließlich die Tragödie beschreiben, erhalten wir ein verzerrtes und unvollständiges Bild des Monsters.« Wir müssten uns doch die Männer und Frauen, die Macht repräsentieren, nur genau anzuschauen, um hinter der zur Schau getragenen Würde und Höflichkeit das Lächerliche zu entdecken. »Ihre Hochnäsigkeit, mit der sie uns davon zu überzeugen versuchen, dass sie großartig sind und es verdienen, uns zu führen oder zu beherrschen, ist komisch. Die falsche Bescheidenheit, die sie zur Schau tragen, um ihre ererbten oder hart erkämpften Privilegien zu rechtfertigen, ist komisch. Der Respekt, den sie von ihren Untergebenen verlangen, selbst wenn sie sie Kameraden nennen, ist komisch. Die Art, wie sie sich bewegen oder reden, wenn sie sich beobachtet fühlen, ist komisch. Die Art, wie sie an ihre eigene Bedeutsamkeit glauben, ist komisch.« Das alles sei so komisch, dass man sich frage, warum die Leute in Gegenwart der Mächtigen eingeschüchtert buckeln oder zurückweichen, statt ihnen ins Gesicht zu lachen.

»Wie schwimmt man in einem Tschador?«, fragte Oriana Fallaci im September 1979 unerwartet den Ayatollah Khomeini, zu dem sie kurz nach der iranischen Revolution verhüllt und barfuß vorgelassen worden war, nachdem sie zehn Tage lang auf das Gespräch gewartet hatte. Der schnauzte sie an: »Mischen Sie sich nicht in unsere Angelegenheiten ein! Wenn Sie muslimische Bekleidung nicht mögen, müssen Sie sie nicht tragen. Muslimische Kleidung ist nämlich etwas für gute und anständige junge Frauen.« Das ließ sich Fallaci nicht zweimal sagen und ging zum Angriff über: »Das ist sehr freundlich von Ihnen, Imam. Und da Sie das so sagen, werde ich diesen dummen, mittelalterlichen Fummel jetzt gleich ausziehen«, worauf sie der Ankündigung Taten folgen ließ. Khomeini reagierte beleidigt. Mit einer Agilität, die sie dem alten Mann nicht zugetraut hätte, sprang er auf und verschwand. Oriana Fallaci musste vierundzwanzig Stunden warten, bevor sie das Interview fortsetzen konnte. Den Rat seines Sohnes Ahmad, dieses Thema zukünftig zu vermeiden, ignorierte sie trotzdem. Als sie das Haus Khomeinis verließ, versuchten draußen wartende Iraner, sie zu berühren, rissen an ihrer Bluse und Hose, um ein Stück der Präsenz des Ayatollahs zu erhaschen. »Glauben Sie mir«, meinte sie rückblickend, »alles begann mit Khomeini.« Er sei keine Puppe gewesen wie Arafat oder Gaddafi, sondern »ein echter Führer«. Und typisch für sie, setzte sie hinzu: »Wie schade, dass seine schwangere Mutter ihn nicht abgetrieben hat.«

In ihrem letzten Lebensjahrzehnt wurde die schwer krebskranke Oriana Fallaci vor allem durch ihre anhaltende und Beleidigungen nicht scheuende Kritik des Islams bekannt, bei dem sie keine Schattierungen gelten ließ. Einwänden gegen ihre in mehreren Büchern vorgetragene Polemik begegnete sie nicht mit Argumenten, sondern indem sie deren Grad noch weiter erhöhte. War die Begegnung mit Khomeini Ende der 1970er Jahre ein Auslöser für ihren starrsinnigen kulturellen Chauvinismus gewesen? War es die tödliche

Krebserkrankung, der ihr allerletzter Kampf galt? Es lassen sich auch andere Beweggründe dafür finden.

Oriana Fallacis Sozialisierung begann als Kind einer Florentiner Familie mit einer langen Tradition in Sachen Rebellion. Ihre Mutter war die Tochter eines Anarchisten, ihr Vater wurde ein Anführer in der antifaschistischen Bewegung der Toskana. Die junge Oriana schmuggelte Waffen zu Partisanen und half Gefangenen bei der Flucht aus deutschen Konzentrationslagern in Italien. Als Orianas Vater bei der Besetzung der Toskana verhaftet und gefoltert wurde, habe, so erzählte es die Tochter, ihre hochschwangere Mutter das Büro des verantwortlichen Majors der Faschisten, eines Mannes namens Mario Carità, aufgesucht. Der beschied ihr, sie könne sich schon einmal schwarz kleiden. Daraufhin soll sich Orianas Mutter wie eine Freiheitsstatue vor ihm aufgepflanzt und ihn angebrüllt haben: »Mario Carità, ich werde mich schwarz

---

Zwischen den 1960er und 1980er Jahren galt die italienische Journalistin Oriana Fallaci als härteste Interviewpartnerin weltweit.

kleiden, aber falls du aus dem Schoß einer Frau geboren bist, sag deiner Mutter, sie soll das Gleiche tun, denn dein Tag wird sehr bald kommen.« In einer nicht weniger charakteristischen Erinnerung hatte sich die Familie 1943 bei einem Bombenangriff der Alliierten in eine Kirche geflüchtet. Oriana schluchzte leise vor sich hin. Der Vater nahm Notiz davon und versuchte, sie zu beruhigen, indem er ihr einen kräftigen Schlag verpasste, ihr tief in die Augen sah und sagte: »Ein Mädchen weint nicht, darf nicht weinen.« Fallaci meinte, seit diesem Augenblick seien ihr nie wieder Tränen gekommen, selbst nicht beim Tod ihres Geliebten, des 1976 ermordeten griechischen Widerstandskämpfers Alekos Panagoulis.

Oriana Fallaci gelang es 1979 als erster Frau aus dem Westen, den Ayatollah Khomeini zu interviewen. Zwei Dolmetscher begleiteten die Journalistin zu ihrem Gespräch in die heilige Stadt Ghom im Iran.

Oriana Fallaci verstand die Bedrohung durch den islamischen Fundamentalismus als Wiederkehr des Faschismus, unter dem sie als Heranwachsende gelitten und den sie bekämpft hatte. Gegenüber Margaret Talbot vom *New Yorker* äußerte sie kurz vor ihrem Tod: »Ich bin überzeugt, dass die Situation heute politisch im Wesentlichen identisch ist mit der von 1938, als England und Frankreich nichts begriffen hatten ... Was ich tue, ist meine Pflicht gegenüber der Freiheit und gegenüber der Freiheitskämpferin, die ich bin, seit ich ein kleines Mädchen war und als eine Partisanin gegen den Nazi-Faschismus kämpfte. Islamismus ist der neue Nazi-Faschismus.« Dazu ließe sich viel Kritisches sagen. Es sollte unsere Bewunderung weder für den wilden Mut dieser Frau noch für ihre Entschlossenheit mindern, Worte zu finden, wo andere Schweigen geboten.

Miss Camp

1933 – 2004

Susan Sontag

Ihre Schreibhemmungen waren legendär. 1958 – da war sie fünfundzwanzig Jahre alt – ging die seit ihrem siebzehnten Lebensjahr mit einem Soziologiedozenten verheiratete Mutter eines inzwischen sechsjährigen Sohnes nach Europa, offiziell um die Arbeit an ihrer letztlich nie geschriebenen Dissertation voranzutreiben, insgeheim aber um zu ihrem Ehemann auf Distanz zu gehen und für sich neue Wege des Lebens zu erkunden, die ihrer Vorstellung nach mit einer Existenz als Schriftstellerin verbunden waren. Nach einem viermonatigen Aufenthalt in Oxford zog sie nach Paris, wo sie sich im Künstlerviertel Saint-Germain-des-Prés eine kleine Mansardenwohnung nahm, als bedürfe es nur der richtigen, von Mythen und Legenden genährten Umgebung im passenden urbanen Milieu, um den bislang stockenden Schreibfluss zu lösen.

Paris, das war vor dem Zweiten Weltkrieg die Stadt vieler bedeutender amerikanischer Expatriates gewesen – unter ihnen Ernest Hemingway und T. S. Eliot, Zelda und F. Scott Fitzgerald, Gertrude Stein und Djuna Barnes, Sylvia Beach und Janet Flanner. Besondere Berühmtheit hatte der als *Die Frauen vom linken Ufer* bekannte lesbisch-intellektuelle Freundinnenkreis rund um Natalie Clifford Barney erlangt. Statt ihre literarischen Ambitionen auszuleben, reflektierte Susan Sontag aber erst einmal über die Bedeutung des Schreibens für ihre Identität: Autorin, so notierte sie in ihrem Tagebuch, möchte sie nicht deshalb sein, weil sie etwas zu erzählen habe, sondern sie will schreiben, um ein anderes Leben als das bisherige und das sich abzeichnende zu führen. In Paris machte sie wohl auch die Erfahrung, wie stark ihr Wunsch, Autorin zu sein, mit der Frage ihrer sexuellen Identität zu tun hatte. Erst als sie dann in New York ihre erste erfüllte lesbische Beziehung lebte, war auch die bis dahin anhaltende Schreibhemmung plötzlich gebrochen. »Zum Orgasmus kommen zu können, hat mein Leben verändert«, vertraute sie zu dieser Zeit ihrem Tagebuch an: »Es gelüstet mich, zu schreiben. Zum Orgasmus kommen zu können bedeutet nicht die Erlösung meines Ichs, sondern vielmehr dessen Geburt ... Schreiben heißt, sich vergeuden, sich riskieren. Aber bisher gefiel mir nicht einmal der Klang meines Namens.« Nicht Faulheit war es also, was sie bislang daran hinderte, zu

Die Schriftstellerin Susan Sontag in ihrer Geburtsstadt New York, 1999.

schreiben, wie sie noch vor einem Jahr gemutmaßt hatte. Es war das Ausbleiben sexueller Erfüllung, verbunden mit einer grundsätzlichen Frustration über die eigenen Lebensumstände und einer nagenden Abneigung gegen sich selbst. Nun schien das wie weggefegt. Die später in den USA sehr bekannte feministische Dramatikerin María Irene Fornés, ihre damalige Geliebte, und Susan Sontag sollen daraufhin wochenlang einander gegenüber an einem großen Tisch in ihrer Wohung gesessen haben, jede vor ihrer Schreibmaschine, ihre Arbeit nur unterbrechend, um sich gegenseitig Passagen vorzulesen. Auf diese Weise begann Susan Sontag die Arbeit an *Der Wohltäter*, einem avantgardistischen Roman über einen Sechzigjährigen, dessen Pariser Bohemeleben und skurrile Traumwelten sich bis zur Ununterscheidbarkeit miteinander vermischen.

Heute muss man daran erinnern, mit welchen Tabus Anfang der 1960er Jahre nichtheterosexuelle Beziehungen und Erlebnisweisen belegt waren. Homosexualität stand damals auch in New York noch unter Strafe. Susan Sontag wird sich zeitlebens nicht zu ihren lesbischen Neigungen bekennen, auch nicht, als sie, ein offenes Geheimnis, mit der Starfotografin Annie Leibovitz zusammenlebte. Es war wohl auch eine anhaltende Reaktion auf den Versuch ihres Exehemanns, ihr das Sorgerecht für den Sohn David streitig zu machen, weil sie wegen ihrer lesbischen Beziehungen angeblich nicht zur Mutter tauge. Hellsichtig notierte die vor Gericht Zitierte Weihnachten 1959 in ihrem Tagebuch: »Mein Wunsch zu schreiben hängt mit meiner Homosexualität zusammen. Ich brauche diese Identität als Waffe, als Gegenstück zu der Waffe, die die Gesellschaft gegen mich einsetzt. Es rechtfertigt meine Homosexualität nicht. Aber es würde mir – glaube ich – eine gewisse Berechtigung verschaffen.«

Und das war in der Tat der Fall. Die Publikation des Erstlingsromans im angesehenen New Yorker Verlagshaus Farrar, Straus and Giroux (FSG) machte da nur den bescheidenen Anfang. Durch Fornés hatte Susan Sontag auch deren schwulen Freund Alfred Chester kennengelernt, der gute Kontakte zur *Partisan Review* besaß, dem damals zentralen Intelligenzblatt der amerikanischen Linken. Darin erschien 1962 Sontags erster Essay, eine Kritik des neuen Romans von Isaac Bashevis Singer; weitere Essays folgten über die unterschiedlichsten kulturellen Phänomene, die gerade en vogue waren, von Happenings bis zum neuen französischen Film. Schon bald hatte Sontags Name in den New Yorker Literaten-, Künstler- und Intellektuellenzirkeln einen gewissen Klang, was sich nicht zuletzt ihrer außergewöhnlichen, sehr attraktiven Erscheinung und ihrem selbstsicheren Auftreten verdankte. Als im Februar 1963 die erste Ausgabe der *New York Review of Books* erschien, war sie jedenfalls wie selbstverständlich mit einem Beitrag vertreten. Bis zu Sontags wirklichem Durchbruch sollten

aber trotzdem noch eineinhalb Jahre vergehen. Ihre »Notes on Camp« (Anmerkungen zu Camp), die in der Herbstausgabe 1964 der *Partisan Review* erschienen, machten die einunddreißigjährige Frau dafür dann gleichsam über Nacht zu einem intellektuellen Star, dessen Glanz bald weit über die New Yorker Szene hinaus erstrahlen sollte.

Was *ist* bzw. besser was *war* »Camp«? Zuerst einmal ein Wort, das seinerzeit in der homosexuellen Subkultur kursierte, eine Art Geheimcode oder Erkennungszeichen für Eingeweihte, mit dem man Bezug nahm auf kulturelle Phänomene und ihnen eine bestimmte Qualität zusprach. Susan Sonntag hatte Zugang zu diesen Kreisen bzw. fühlte sich ihnen zugehörig; ihr Interesse an »Camp« dürfte andererseits allein schon durch den Umstand erregt worden sein, dass die damit bezeichneten Phänomene ganz unterschiedlichen Bereichen

---

Ihre »Notes on Camp« machten Susan Sontag über Nacht
zum intellektuellen Star der New Yorker Szene.

angehörten, ohne noch den konventionellen Unterschied zwischen E und U, Hoch- und Trivialkultur, Kunst und Kunsthandwerk bzw. Mode gelten zu lassen. Als »Camp« galten etwa:

- Tiffany-Lampen
- Zeichnungen von Aubrey Beardsley
- Das Ballett *Schwanensee* mit der Musik von Tschaikowsky
- Die kubanische Sängerin La Lupe
- Opern von Vincenzo Bellini
- Der Film *King Kong und die weiße Frau*
- Greta Garbo
- Frauenkleider aus den 20er Jahren (Federboas, Kleider mit Stickperlen)
- Inszenierungen von Luchino Visconti

»Eingeweihte« erkannten sofort, was die aufgezählten Dinge gemeinsam hatten: Es handelte sich um kulturelle Phänomene, die von Homosexuellen überaus goutiert wurden. In ihrem aus achtundfünfzig kurzen Anmerkungen bestehenden Essay machte Susan Sontag diesen Umstand erst zum Ende hin namhaft. Stattdessen gab sie indirekte Hinweise, etwa indem sie den Schriftsteller Christopher Isherwood als Gewährsmann für die Verwendung des Wortes »Camp« nannte. Isherwood war bekanntermaßen homosexuell und lebte in einer damals als Skandal betrachteten Beziehung zu einem dreißig Jahre jüngeren Maler. Zudem waren Zitate von Oscar Wilde wie kleine Inseln in die fortlaufend nummerierten Anmerkungen eingeschoben. Diese Zurückhaltung ist ein Indiz dafür, dass es ihr im Wesentlichen darum ging, »Camp« in den Rang einer neuen Form der Sensibilität, einer innovativen schöpferischen Erlebnisweise zu erheben, die sie gleichberechtigt neben die Rezeption der Hochkultur und der Avantgardeströmungen stellte.

Für die Angehörigen der New Yorker Szene war der Subtext von Sontags Essay schnell dechiffriert: Hier wurde der Anspruch erhoben, der Ästhetik einer Außenseitergruppe die Aura einer neuen Kunst- und Geschmacksrichtung zu verleihen. Aus einem ursprünglich exklusiven Phänomen der homosexuellen Subkultur machte Susan Sontag eine allgemeine Erlebnisweise mit existenzieller Bedeutung. »Camp« war ein Weg, mit einer dominanten Kultur umzugehen, die einem feindlich gegenüberstand oder in der man sich mit seinen Interessen und Bedürfnissen nicht wiederfand.

Die in ihrem Essay über »Camp« zum ersten Mal praktizierten Strategie, randständige kulturelle Phänomene aufzuwerten und sie in den Rang von innovativen ästhetischen Formen zu heben, sollte Susan Sontag in ihrem gesamten Werk treu bleiben. So hielt sie es mit der Pornografie, so auch mit der Fotografie, der damals die Verachtung im etablierten Intellektuellenmilieu sicher war. Es gilt selbst noch für ihre später verfassten historischen Romane, die eine von Hochkultur und Avantgarde gleichermaßen verschmähte, für zu leicht befundene literarische Form neu erfahrbar machten. Noch einmal hielt Susan Sontag an ihrem Prinzip fest, stets etwas Unerwartetes zu tun und so für ihre Umwelt unberechenbar zu bleiben. Sie blieb der Ironie des »Camp« treu, ebenso aber dessen geistreichem Hedonismus. Nichts in der Kunst (und im Leben überhaupt) machte für sie Sinn, außer im Licht der Leidenschaft.

Die Heldin

―――― 1958–2006 ――――

Anna Politkowskaja

Am 7. Oktober 2006 feierte Wladimir Putin, der einstige KGB-Mann an der Spitze des russischen Staates, seinen vierundfünfzigsten Geburtstag. Die Journalistin Anna Politkowskja, seine schärfste Kritikerin, Autorin eines Buches mit dem Titel *Das System Putin*, befand sich an diesem Nachmittag im Einkaufszentrum »Ramstore«. Ihre Schwester Jelena, die mit einem Banker verheiratet ist, war gerade aus London in Moskau zu Besuch. Abwechselnd kümmerten sich die Geschwister um die krebskranke Mutter, die in einem Hospital lag. Einen Tag zuvor hatte Anna Politkowskaja erfahren, dass das Kind, das ihre Tochter Wera in vier Monaten zur Welt bringen würde, ein Mädchen sein sollte – das erste Enkelkind, sie würde Oma werden, mit nicht einmal fünfzig Jahren. Zweieinhalb Wochen vorher war sie noch auf einer Konferenz in Stockholm gewesen. Dort hatte sie schon 2004 den Olof-Palme-Preis in Empfang nehmen können, der an den 1986 in der Innenstadt von Stockholm ermordeten schwedischen Ministerpräsidenten erinnert.

Während der letzten Tage hatte Anna Politkowskaja an einem Artikel über Folter in der Privatarmee von Ramsan Kadyrow gearbeitet. Ramsan war der Sohn des ehemaligen tschetschenischen Präsidenten Achmad Kadyrow, der zwei Jahre zuvor einem Bombenanschlag zum Opfer gefallen war, nur sieben Monate nach seiner umstrittenen Wahl. Putin hatte Achmads Sohn, dessen Macht auf seiner vor Entführungen, Folter und Mord nicht zurückschreckenden Sicherheitstruppe beruhte, im Dezember 2004 per Erlass die Auszeichnung »Held der Russischen Föderation« verliehen. Seit März dieses Jahres war Ramsan Kadyrow nun Premierminister Tschetscheniens. Vorgestern war er dreißig Jahre alt geworden – das gesetzliche Mindestalter für die Kandidatur zum Präsidenten – und würde sich mit dem Segen Putins bestimmt demnächst zum Nachfolger seines Vaters »wählen« lassen. Anna Politkowskaja hatte ihn »einen Stalin unserer Zeit« und kürzlich noch einen »bis an die Zähne bewaffneten Feigling« genannt.

Seit Beginn des Zweiten Tschetschenienkrieges berichtete Anna Politkowskaja für die zweimal wöchentlich erscheinende *Nowaja Gazeta*, eine der

Für ihre couragierte Berichterstattung und enthüllenden Reportagen erhielt die russische Journalistin Anna Politkowskaja internationale Anerkennung.

wenigen regierungskritischen russischen Zeitungen, aus der Kaukasusrepublik. Über zweihundert Artikel hatte sie bislang über die sogenannte russische Antiterroroperation, über Geiselnahmen und Folterungen, über Raub, Korruption, Unterschlagung und Mord, über tschetschenische Selbstmordattentäter, darunter auch Frauen, über die paramilitärischen Einheiten Kadyrows und vor allem immer wieder über die Notleidenden und die Opfer, die Verfolgten und die Mütter, die Gefolterten und die trauernden Angehörigen berichtet. Ihnen und nicht den Mächtigen, auch nicht den Terroristen, galten ihr Mitgefühl und ihr Verständnis. Als sie sich 2002 als Vermittlerin beim Geiseldrama im Moskauer Dubrowka-Theater angeboten hatte, waren die tschetschenischen Terroristen davon ausgegangen, dass sie auf ihrer Seite stünde. Doch nicht deren Forderung nach Abzug der russischen Truppen, für wie berechtigt sie diese auch halten mochte, sondern das Wohl der rund achthundert Geiseln war das alleinige Kriterium ihres Handelns gewesen. Sie hatte sich selbst als Geisel angeboten, die Gefangenen mit Wasser versorgt, und beinahe wäre es ihr sogar gelungen, die Terroristen zur Aufgabe zu bewegen. Doch bevor sie Erfolg haben konnte, ließ Putin das Theater von einer Spezialeinheit stürmen. Das Ergebnis dieser Operation: einhundertsiebzig Tote, darunter rund einhundertdreißig Geiseln.

Nur wenige Journalisten wagten sich überhaupt nach Tschetschenien. Anna Politkowskaja kam immer wieder, hörte den Menschen zu, schrieb deren Geschichten auf. »Wie viele Menschen muss eine Nation verlieren, damit man es einen Völkermord nennt?«, fragte sie. Für die Journalistin war es ein Genozid, was dort vor sich ging. Selbst die Militärs gäben ganz offen zu, dass es darum gehe, möglichst viele Tschetschenen auszuschalten, auf welche Weise auch immer. Amnestierte und nichtamnestierte Kämpfer wurden verschleppt und verschwanden spurlos. Die Angehörigen der Verschwundenen konnten sich an niemanden wenden. Alle Institutionen – Geheimdienst, Innenministerium, Staatsanwaltschaft – gaben dieselbe Auskunft: Wir wissen nicht, wo sie sich befinden. Sie waren aber tatsächlich verschwunden.

Auf einer ihrer zahlreichen Reportagereisen wurde sie von russischen Militärs festgenommen und in einem Erdloch gefangen gehalten. Die Verhörmethoden, denen sie ausgesetzt war, nannte sie stalinistisch. Die Zeitung intervenierte, und aufgrund ihres Bekanntheitsgrades ließ man sie schließlich frei. Bevor sie ins Flugzeug stieg, sagte einer der Militärs noch zu ihr: »Wenn es nach mir gegangen wäre: Ich hätte dich erschossen.«

Kein Wunder, dass die Redaktion der *Novaja Gazeta* Angst um ihre Star-Reporterin hatte. Zwei Todesopfer hatte man unter den Mitgliedern der

Redaktion bereits zu beklagen: Im Mai 2000 wurde Igor Domnikow erschlagen. Drei Jahre später starb der stellvertretende Chefredakteur Juri Schtschekotschichin an einer »nicht identifizierbaren chemischen Substanz« und einer allergischen Schockreaktion. Er hatte gerade an einer Geschichte über die Verbindung des russischen Geheimdienstes zu Steuerbetrügern gearbeitet. Als Anna Politkowskaja im September 2004 in die nordossetische Stadt Beslan reisen wollte, wo tschetschenische Terroristen am ersten Schultag eine Schule besetzt und über eintausendzweihundert Schüler als Geiseln genommen hatten, verlor sie das Bewusstsein, kurz nachdem sie auf dem Flug einen Tee getrunken hatte. Die Ärzte des Krankenhauses, in das sie eingeliefert wurde, fanden heraus, dass der Tee vergiftet war. Danach sei sie nicht mehr die Alte gewesen, hieß es in der Redaktion. Tschetschenien hatte die einst unbeschwerte Frau unwiderruflich verändert. Mit jedem Jahr habe sie weniger gelacht und ihr heiteres Wesen mehr und mehr eingebüßt. Unter den Parteien im Tschetschenienkrieg hatte sie nur Feinde. Auch ihren Freunden erzählte sie längst nicht mehr alles, was sie dort erlebte. Sie selbst versuchte, das Problem zu versachlichen: »Unsere Gesellschaft dichtet sich wieder gegen Information ab«, meinte sie; das sei ein riesiges Problem.

Nach ihrer Gefangennahme durch das russische Militär hatte sie sich bei ihrer Rückkunft nach Moskau von ihrem Mann getrennt. Alexander Politkowski war fünf Jahre älter als sie. Sie hatte ihn bereits in jungen Jahren kennengelernt und gemeinsam mit ihm Journalismus in Moskau studiert. Zur Zeit der Perestroika war er zu einem gefragten Journalisten und bekannten Fernsehmoderator aufgestiegen. Der Ruhm seiner Frau hingegen begann erst mit ihrem Wechsel zur *Nowaja Gazeta* und den Reportagen aus Tschetschenien – und damit begannen auch die Bedrohungen Annas und die gemeinsamen Schwierigkeiten. Das Zusammensein mit ihr in diesen Jahren kam ihm manchmal vor wie das Leben auf einem Vulkan – dann ging er abends lieber noch einen trinken statt nach Hause. Seine Frau rang sich auch hier zu einer klaren Haltung durch: »Jeder Mann will mir doch nur vorschreiben, wie ich zu leben habe. Das entscheide ich lieber allein.«

Anna Politkowskaja war die einzige Journalistin, die sich mit dem spurlosen Verschwinden so vieler Menschen in Tschetschenien befasste. In der Redaktion der *Nowaja Gazeta* war man sich einig, dass dieser Umstand den Grad ihrer Gefährdung noch erhöhte, denn mit ihrem Tod würde auch das Wissen über diese Zusammenhänge erlöschen. »Das ist gefährlich«, »Beschäftige dich mit anderen Themen«, »Gehe in ein anderes Land« – so lauteten die Ratschläge, die sie zu hören bekam. Sie pflegte darauf zu antworten, dass die Arbeit in der Kriegszone besondere Gefühle auslöse. Natürlich habe man Angst um sein Leben, aber dieses Gefühl verblasse mit der Zeit wie alle starken Gefühle. Gewissermaßen teile sie ja nur das Schicksal der Zivilbevölkerung. Sie arbeite mit Menschen, deren Leben genauso in Gefahr sei wie ihr eigenes, wenn sie mit ihnen zusammen sei. Sie unterscheide sich da keineswegs von ihnen, höchstens darin, dass sie stärker sei als die Menschen, denen sie beistehen könne. Davon war sie überzeugt.

Beistehen, das war das eine. Anna Politkowskaja war bereit zu helfen, beinahe um jeden Preis. Außenstehende betonten immer wieder ihren Sinn für Gerechtigkeit. Der investigative Journalismus, wie sie ihn betrieb, besaß ein humanitäres Fundament. Nur hinzuschauen, ohne dem anderen die Hand zu reichen, schien ihr ein Ding der Unmöglichkeit. Doch war da noch etwas anderes, das sie antrieb, und das war keineswegs weniger wichtig: Sie fühlte, dass ihre Aufgabe darin bestand, Zeugnis abzulegen von dem, was dort geschah in Tschetschenien. Zeugnis abzulegen von den Gräueln und von dem Grauen. Untaten, die niemand bezeugt, haben keinen Platz in unserem Gedächtnis.

Anna Politkowskaja griff zum Handy und rief ihren Sohn an. »Ich stehe an der Kasse vom Ramstore und bin in einer halben Stunde zu Hause.« Ilja wusste, dass seine Mutter sich meistens in der Zeit verschätzte. Vierzig Minuten würde sie mit ihrem Lada mindestens bis zu ihrer Wohnung in der Lesnaja-Straße benötigen. Als er dort ankam, war schon alles abgesperrt. Seine Mutter war heute doch schneller gewesen. Schon seit Tagen war sie beschattet worden. Kurz vor ihr hatte der Killer das Wohnhaus betreten, das noch aus der Stalin-Zeit stammte; er kannte den Code an der Haustür und wartete im Treppenhaus vor dem Fahrstuhl. Mit vier Schüssen streckte er sein Opfer nieder. Der letzte Schuss war ein gezielter Schuss in die Schläfe. Die Waffe warf er neben die Tote. Als Schlüsselfigur bei der Aufklärung des Mordes stellte sich im Laufe der Ermittlungen schließlich Dmitrij Pawljutschenko heraus, Leiter einer Sondereinheit der Moskauer Innenbehörde, der mit seiner Einheit zahlreiche Verbrechen beging, unter anderem Auftragsmorde organisierte. Pawljutschenko wurde im August 2011 verhaftet; er soll einen seiner Beamten zur Beschattung Anna Politkowskajas abgestellt, drei Tschetschenen, darunter auch den mutmaßlichen Todesschützen rekrutiert und die Tatwaffe besorgt haben. Wer aber waren seine Auftraggeber, und wer hat hier wen angeheuert – russische Geheimdienstler die tschetschenische Mafia oder diese die Leute vom Geheimdienst?

Bis heute ist der Mord an Anna Politkowskaja nicht völlig aufgeklärt. Und das ist wohl auch Absicht. Jedenfalls sieht es so der Europäische Gerichtshof für Menschenrechte in Straßburg, bei dem Politkowskajas Familie Klage erhob.

Russland habe keine Versuche unternommen, in Erfahrung zu bringen, wer den Mord in Auftrag gegeben und für ihn bezahlt habe, lautete das Urteil. Stattdessen wurde die Strategie der Eliminierung von Personen, die Putins Regime gefährlich werden könnten, konsequent fortgesetzt, wie noch jüngst der Tod von Alexei Nawalny zeigt.

Die Freibeuterin

*1989

Taylor Swift

Eine Zeitzeugin ist Taylor Swift sicherlich – aber eine Rebellin? Gehört die US-amerikanische Sängerin mit inzwischen über 300 Millionen verkauften Tonträgern nicht letztlich zum Establishment, wie so viele Größen der Popkultur? Schon aus Imagegründen kultivieren sie zwar eine Aura der Rebellion, die gewissermaßen zum Traditionsbestand von Beat und Rock gehört, verkörpern aber ansonsten eher konservative Werte, insbesondere was die Rollen der Geschlechter und die Vorstellung von Liebe und Erotik betrifft. Oder fragen wir anders: Was sind die tieferen Beweggründe der Millionen zumeist weiblichen Fans von Taylor Swift, unter denen nicht wenige eine beinahe religiöse Verehrung für sie hegen? Was ist dran an dem inzwischen Mitte dreißigjährigen globalen Superstar, deren Songs das Gefühlsleben von Millionen Fans widerspiegeln?

»People love an ingenué«, heißt es in Taylors Song »Nothing New« – Die Leute lieben eine – nun was? Jungfrau, Unschuld vom Lande, ein Naturkind? In den USA ist »ingenué« ein Rollenfach, zumeist in Musicals: die jugendliche Naïve. In Zeiten, als das Wünschen noch geholfen hat, wurde sie exemplarisch verkörpert etwa von Doris Day oder Judy Garland. Nun erzählt nicht nur dieser, sondern fast jeder zweite Song von Taylor Swift, die ihre Texte ausschließlich selbst schreibt, von der Zerstörung bzw. Unaufrichtigkeit solcher Naivität oder Unschuld. Die Bedrohung kann von außen kommen, so wie in »Nothing New«, einem Song, der von der Misshandlung jugendlicher Genies handelt, wobei die Sängerin natürlich sich selbst meint. Das beginnt dann so:

»Sie sagen dir, solange du jung bist:
›Mädels, geht raus und habt euren Spaß‹
Dann jagen und vernichten sie die, die es tatsächlich tun
Kritisieren die Art, wie du fliegst, wenn du durch den Himmel aufsteigst
Schießen dich ab, und dann seufzen sie und sagen:
›Sie sieht aus, als hätte sie's hinter sich‹«

Pop und Power: Taylor Swift während der »Taylor Swift | The Eras Tour« im Levi's Stadium am 28. Juli 2023 in Santa Clara, Kalifornien.

Letztlich aber geht es immer um ein innerseelisches Drama. Zumal naheliegt, dass das mit der Naivität eine Rolle ist und sich hinter der aufgesetzten Unschuldsmiene vielmehr ein rebellischer Geist verbirgt. Das war schon im 19. Jahrhundert so, jedenfalls in der Literatur: Figuren wie etwa Becky Sharp, die ehrgeizige Heldin in William Makepeace Thackerays Roman »Vanity Fair« aus dem Jahr 1848, setzen stets dann eine sittsame Unschuldsmiene auf, wenn sie sich angegriffen fühlen, und erweisen sich just dann am gefährlichsten: Rebellion mit treuherzigem Augenaufschlag, könnte man das nennen. Und wie nicht nur viele Männer bezeugen können, war und ist das in der Tat eine Waffe der Frau, die ihr gerade aus ihrer sozialen Unterlegenheit zugewachsen ist. Der immense Erfolg von Taylor Swift, die sich mit vierzehn Jahren aus ihrer Geburtsstadt Reading im Rust Belt der USA nach Nashville, dem kommerziellen Zentrum der Country-Musik im Süden des Landes, aufmachte und dort rasch erst einen Songwriting- und dann einen Plattenvertrag abschloss, folgt diesem role model der »ingenué«, hinter der sich eine Rebellin und Kämpferin verbirgt. Um das zu erkennen, muss man sich lediglich die offiziellen Porträts der Sängerin ansehen. Bis heute hat dieses Rollenmodell insbesondere für junge Frauen einen hohen Wiedererkennungswert. Das zeigt etwa auch die Neuverfilmung von Edith Whartons historischem Roman »Die Freibeuterinnen«, in dem eine entscheidende Szene – ein Debütantinnenball in den 1890er Jahren – mit Taylor Swift Songs »Nothing New« unterlegt ist. Nun verstehen wir: Es geht in der Geschichte nicht darum, wie hübsche, weiß gekleidete Mädchen ängstlich darauf hoffen, von einem würdigen Freier aus der Menge herausgepickt zu werden, sondern wie sie mit der größten Unschuld die patriarchalischen Strukturen und eingerosteten Köpfe einer sexistischen Gesellschaft aufmischen.

Rebellin mit Unschuldsmiene ist Taylor Swift aber nicht nur in ihren Songs und auf der Bühne für ihre Fans, sondern auch »mitten im Leben«. Sie war keine Zwanzig, als sie 2008 einen Vertrag bei dem damals neu gegründeten Plattenlabel Big Machine Records unterschrieb. Zehn Jahre und sechs Alben später, die sie zu einem Weltstar gemacht hatten, lief ihr Vertrag aus. Als sie mit Big Machine, das inzwischen an einen Investmentfonds verkauft worden war, keine Einigung über die Verwertungsrechte ihrer Songs erzielen konnte, wechselte sie im November 2018 zu Universal Records. Die Rechtsstreitigkeiten eskalierten zusehends: Wer durfte über die Veröffentlichungsrechte an den ›alten‹ Songs verfügen – das Plattenlabel oder sie selbst, die Urheberin? Als kein Ende abzusehen war, entschloss sich Taylor Swift 2020 zu einer in der Branche ziemlich einmaligen und dementsprechend aufsehenerregenden Maßnahme: Sukzessive nahm sie ihre ersten sechs Alben noch einmal auf – Song für Song, und zusätzlich auch diejenigen, die seinerzeit – aus welchen Gründen auch immer, zumeist kommerziellen Erwägungen – nicht veröffentlicht worden waren. Dabei bemühte sie sich um absolute Werktreue: Zwischen den alten und neuen Aufnahmen ist kaum ein Unterschied zu hören, selbst ihre Stimme klingt so frisch und ungekünstelt, als sei die Sängerin noch einmal achtzehn. Die Neuaufnahmen erhielten in Klammern die Bezeichnung »Taylors Version«, während die »neuen« Songs zusätzlich mit »From the Vault« – aus dem Tresor – gekennzeichnet wurden.

»Künstler sollten aus vielen Gründen ihr eigenes Werk besitzen«, rechtfertigte Taylor Swift ihr Vorgehen auf Twitter, »aber der offensichtlichste Grund ist, dass der Künstler der Einzige ist, der das Werk wirklich kennt.« Der Spiegel hat das einen beispiellosen »Akt künstlerischer Selbstermächtigung« genannt. Zweifellos hätte Taylor Swift über die finanziellen Mittel verfügt, um ihrer alten Plattenfirma die Masterrechte an den Songs abzukaufen. Aber sie entschied sich bewusst für ein anderes Vorgehen. »Taylors Version« ist nicht nur ein Akt der künstlerischen Wiederaneignung, sondern auch der weiblichen Selbstbestimmung gegenüber einer ausbeuterischen Musikwirtschaft, die von den Leistungen anderer lebt und noch immer größtenteils von älteren Männern dominiert wird.

Auch »Nothing New (Taylors Version)« gehört zu den Songs ›Aus dem Tresor‹. Taylor Swift schrieb ihn 2012 für ihr zweites Studioalbum »Red«. Damals blieb er unveröffentlicht. Seit 2021 ist er Teil von Taylors Neueinspielung des Albums. »Lord, what will become of me / Once I've lost my novelty?«, fragt die Anfang Zwanzigjährige dort einigermaßen verzagt. Die Antwort hat sie mit Anfang dreißig selbst gegeben: eine Frau, die ihren Neuheitswert selbst definiert und ihren Weg geht, ohne sich von irgend jemandem einschüchtern zu lassen, und das nicht zuletzt deshalb schafft, weil sie sich selbst treu bleibt.

Vom Umgang mit der Macht

―――― Kapitel 5 ――――

Indira Gandhi, Margaret Thatcher, Angela Merkel und Michelle Obama haben etwas gemeinsam: Alle vier Frauen wurden von ihren politischen Freunden und ihren Gegnern grandios unterschätzt. Man zweifelte an ihrer Urteilskraft, ihrem politischen Talent und machte sich ein falsches Bild von ihrer Furchtlosigkeit. Und so kam es in einigen Fällen doch überraschend, dass Indira Gandhi, Margaret Thatcher und auch Angela Merkel sich ihrer Widersacher aus den eigenen Reihen nicht immer geräuschlos, aber doch nachhaltig erwehren konnten. Denn Macht ist für sie – wie es etwa Zedlers »Universal-Lexikon« von 1739 definiert – »eine Kraft oder Vermögen, das Mögliche wirklich zu machen«. Oder, wie Angela Merkel es in schlichten Worten formuliert, es gehe darum, Dinge durchsetzen zu können, die nach der eigenen Überzeugung wichtig sind. Hannah Arendt unterschied politische Macht und Gewalt. Im Gegensatz zum instrumentellen Charakter von Gewalt sei Macht stets an die Gesetze und Institutionen eines politischen Gemeinwesens gebunden. Ein Premierminister oder Bundeskanzler hat Macht aufgrund des Amtes, in das er auf Zeit gewählt wurde, und das auch stets nur in Zusammenarbeit mit anderen.

Wenn Frauen aber schon nicht die besseren Menschen sind, sind sie dann wenigstens die besseren Machthaber, gerechter und besonnener im Umgang mit der nur geliehenen Macht, weniger anfällig für deren oft beschriebenen Suchtfaktor und nicht so wichtigtuerisch? Noch gibt es bedauerlicherweise nicht genügend Erfahrungen mit Frauen in politischen Machtpositionen, um diese Frage zureichend zu beantworten. Und weil an diesem Phänomen so vieles noch neu ist, rücken die vier Porträts dieses Kapitels auch den Umgang der jeweiligen Frau mit der ihr zugewachsenen Macht ins Zentrum.

Die Feministin Alice Schwarzer hat Margaret Thatchers und Angela Merkels »Anwesenheit im Männerclub« nicht nur als »herzerfrischende Provokation«, sondern auch als »formidables Lehrbeispiel für Frauen« gesehen. Bleibt noch anzumerken, dass keine der Frauen, die höchste Machtspitzen erreicht haben, eine Vergangenheit in der Frauenbewegung aufzuweisen hat. Vielleicht darf man sich nicht zu sehr als Frau definieren, um es in einem immer noch männerdominierten Bereich wie der Politik zu etwas zu bringen.

Die Dynastin

---1917–1984---

Indira Gandhi

Als eine Verwandte der gerade dreijährigen Indira Nehru einen schicken Rock aus Paris mitbrachte, durfte diese das Geschenk auf Geheiß ihrer Familie nicht annehmen. 1919 war ihr Großvater Motilal Nehru Präsident des Indischen Nationalkongresses geworden, der 1885 gegründeten führenden Kraft der indischen Unabhängigkeitsbewegung. Aus Protest gegen die Kolonialmacht hatte er, der bis dahin englische Maßanzüge trug und einen westlichen Lebensstil pflegte, seine europäische Kleidung demonstrativ verbrennen lassen und kleidete sich fortan in traditionelle indische Gewänder. Auch andere westliche Luxusgegenstände wie Kristallleuchter und Kutschen verbannte er von seinem prächtigen Anwesen, dessen Haupthaus allein 42 Zimmer umfasste. Die restliche Familie folgte wohl oder übel dem Beispiel des Patriarchen. Die ob der Zurückweisung ihres Mitbringsels gekränkte Pariser Verwandte meinte zu Indira, dass sie sich dann aber auch von ihrer ausländischen Puppe trennen müsse. Tagelang kämpfte die Dreijährige mit sich, doch dann trug sie sie auf die Dachterrasse und zündete sie an. Diese Geschichte, an die sie sich noch als Erwachsene erinnern wird, ist in vieler Hinsicht symptomatisch für den Werdegang der Politikerin Indira Gandhi. Stets blieb sie eine Angehörige der Nehru-Gandhi-Dynastie, die das politische Leben Indiens über Jahrzehnte beherrschte.

Die Nehrus waren Pandit-Brahmanen aus Kaschmir, Angehörige eines der höchstrangigen Clans im indischen Kastensystem. Das politische Engagement der Familie begann mit Indiras Großvater Motilal Nehru und dessen Sohn Jawaharlal Nehru, ihrem Vater. Ursprünglich atheistische Sozialisten, schlossen sie sich Mohandas Karamchand Gandhi an, der 1914 aus Südafrika in seine Heimat Indien zurückkehrte und seine Landsleute zum gewaltlosen Widerstand gegen die britischen Kolonialherren aufforderte. Dessen Prinzipien hatte er unter anderem von Emmeline Pankhurst und ihrer Frauenwahlrechtsorganisation WSPU übernommen. Diese Strategie und seine tiefe Religiosität trugen ihm den Beinamen Mahatma ein, was so viel wie »große erleuchtete Seele« heißt. Der Name Gandhi kam indes nicht durch den berühmten Freiheitskämpfer und Asketen in die Nehru-Dynastie, sondern durch Indiras Mann Feroze

Zahlreiche Berliner begrüßen die indische
Premierministerin Indira Gandhi bei ihrer Ankunft
Unter den Linden im Juli 1976.

Gandhi. Feroze Gandhi, der einer niedrigeren Kaste angehörte als ihre Familie, hielt zum ersten Mal um ihre Hand an, als sie noch keine fünfzehn war. Gegen den Willen des Vaters heirateten die beiden schließlich 1942. Das Paar hatte zwei Söhne, Sanjay Gandhi und Rajiv Gandhi; die Ehe war allerdings kaum glücklich zu nennen, da Indira sich ihrem Vater stärker verbunden fühlte als ihrem Mann. Ihre Mutter Kamala Nehru war bereits 1936 einem Lungenleiden erlegen – während ihrer Krankheit hatte Indira sie mehrmals zu den besten Spezialisten in Europa begleitet, zuletzt in ein Sanatorium nach Badenweiler. Als Jawaharlal Nehru 1947 erster Ministerpräsident Indiens wurde, führte Indira ihrem Vater das Haus, war ihm Sekretärin und Gastgeberin – bis zu seinem Tod im Jahr 1964. Ihre beiden Söhne vertraute sie anfangs einem Kindermädchen an, später schickte sie sie auf englische Schulen. Danach befragt, sagte sie: »Offensichtlich musste ich es tun, weil mein Vater bedeutendere Aufgaben hatte als mein Mann.«

»Ich wurde in einer Familie, an einem Ort und zu einer Zeit geboren, die mich von vornherein prägten«, meinte Indira Gandhi in einem Zeitungsinterview. »Die ganze Atmosphäre war erfüllt von der Frage, wie das Land befreit werden kann.« Als Motilal und Jawaharlal Nehru 1921 verhaftet wurden, weil sie den Boykott des Besuchs des britischen Thronfolgers, des späteren Königs Eduard VIII., organisiert hatten, saß die vierjährige Indira auf dem Schoß ihres Großvaters. Jawaharlal Nehru verbrachte insgesamt neun Jahre im Gefängnis; sechsmal wurde er von den Briten eingesperrt. Unangekündigten Besuchern der Familienresidenz musste die junge Indira häufig die Auskunft erteilen: »Tut mir leid, aber Großvater, Vater und Mutter, sie sind alle im Gefängnis.« In der Privatschule, in die sie geschickt wurde, war sie nur wenige Monate. Danach wurde ein Hauslehrer eingestellt, und Indira war wieder ohne Kontakt zu Gleichaltrigen, ganz dem Elternhaus überantwortet, in dem es stets nur um das eine große Thema ging: die Beseitigung der Fremdherrschaft.

Nach dem Tod der Mutter machte sich Indira nach Oxford auf, um dort am Somerville College Geschichte zu studieren. Krankheitsbedingt brach sie ihr Studium ab und reiste auf ärztliches Anraten zur Erholung in ein Schweizer Sanatorium. Ihre vielen Erkrankungen in dieser Phase ihres Lebens und die Tatsache, dass sie nur noch 38 Kilo wog, hatten wohl in erster Linie psychosomatische Gründe: Der Tod des Großvaters im Jahr 1931 und der ihrer Mutter fünf Jahre darauf hatten sie aus der Bahn geworfen, die Ehe mit Feroze Gandhi stand ihr mehr bevor, als dass sie sich darauf freute. Trotz des Reichtums der Familie und der damit verbundenen Möglichkeiten hatte sie bislang ein Leben geführt, in dem Selbstbestimmung kaum möglich war.

Vom Umgang mit der Macht

1942 musste auch Indira ins Gefängnis, weil sie und ihr Mann an der Abstimmung über die »Quit India Resulution« teilgenommen hatten. Insgesamt wurden etwa 60 000 Menschen von den Briten verhaftet, weil sie für eine sofortige Unabhängigkeit eingetreten waren, darunter befand sich fast der gesamte Indische Nationalkongress. Trotz des von Mahatma Gandhi praktizierten gewaltlosen Widerstandes waren es Jahrzehnte der Gewalt in Indien. Gandhis Bemühen, Hindus und Muslime im Widerstand gegen die Kolonialmacht zu versöhnen, scheiterte. Am 30. Januar 1948 wurde der Achtundsiebzigjährige in seinem Garten von einem jungen Hindu erschossen.

Nach dem Tod von Indiras Mann Feroze im Jahr 1960 und des schwerkranken Vaters vier Jahre später holte dessen Nachfolger, der neue indische Regierungschef Lal Bahadur Shastri, Indira Gandhi als Ministerin für Information und Rundfunk in sein Kabinett. Shastri wollte mit der Einbindung der Enkelin Motilal Nehrus und der Tochter Jawaharlal Nehrus Kontinuität demonstrieren.

Probleme persönlich vor Ort zu klären wurde zum Markenzeichen
von Indira Gandhis Politikstil. Hier zu Besuch im Weißen Haus
bei US-Präsident John F. Kennedy im März 1962.

Indira Gandhi, die gerade noch verkündet hatte, sich ins Privatleben zurückziehen und ein Haus in London kaufen zu wollen, begann ihre politische Karriere mit einem Idealismus, der sowohl von den Zielen ihres Großvaters und des Vaters als auch von Mahatma Gandhis Streben nach Freiheit und Selbstbestimmung geprägt war. Sie war die erste Frau in Indiens Parlament, und die Erwartungen an sie waren enorm hoch. Doch diejenigen, vor allem in ihrer eigenen Partei, die glaubten, sie sei leicht manipulierbar, hatten ihre enorme politische Begabung, ihre Durchsetzungskraft und ihren Willen zur Macht völlig unterschätzt.

Als in Madras Unruhen ausbrachen, fuhr sie kurzentschlossen dorthin und sorgte dafür, dass wieder Ruhe einkehrte. Shastri reagierte empört auf diese Anmaßung. Doch Indira zeigte sich unbeeindruckt; Probleme persönlich vor Ort zu klären, das hatte sie bereits unter der Regierung ihres Vaters erfolgreich praktiziert. Es wurde das Markenzeichen ihres Politikstils. Als sich wenige Monate später einmal mehr der Konflikt um Kaschmir verschärfte, flog sie an die Front und sprach den indischen Soldaten Mut zu. Von der Presse wurde sie daraufhin als »einziger Mann in einem Kabinett von Weibern« gefeiert. Nach dem plötzlichen Tod Shastris Anfang des Jahres 1966 zeigte sich, dass ihre Strategie, sich als eine echte Nehru zu präsentieren, aufgegangen war: Die Kongressfraktion wählte die Achtundvierzigjährige zu ihrer neuen Vorsitzenden und wenige Tage später zur Premierministerin. Das war kaum eine Entscheidung für eine Frau als Regierungschefin, vielmehr für die Dynastie der Nehrus.

Indira Gandhi regierte Indien von 1966 bis 1977 und dann erneut zwischen 1980 und 1984. Die Grüne Revolution, die die Versorgung Indiens mit Nahrungsmitteln sicherstellte, und die Befreiung Bangladeschs als Ergebnis des kurzen Krieges mit Pakistan gehörten zu ihren politischen Erfolgen. Schon früh stilisierte sie sich zur Mutter Indiens, deren Familie aus Millionen von Menschen bestehe. Doch die Mutter der Nation war nicht immer gütig, sondern zuweilen stark auf ihre persönlichen Vorteile und die ihrer Söhne bedacht. Auf Unruhen im Land und Proteste gegen ihre Regierungspolitik reagierte sie im Juni 1975 mit der Verhängung des nationalen Ausnahmezustandes, der bis März 1977 bestehen blieb. Der indischen Gesellschaft brachte er zwar zwischenzeitlich Ruhe und Ordnung, doch die starke Einschränkung der Meinungs- und Pressefreiheit und das harte Vorgehen gegen Oppositionelle führten schließlich zu ihrer Niederlage bei der immer wieder verschobenen Wahl von 1977.

Bereits im Januar 1980 feierte sie ihr Comeback als Premierministerin. Ihre zweite Regierungsperiode stand im Schatten der Auseinandersetzung mit der Separatistenbewegung extremistischer Sikhs. Mehr und mehr wurde sie zu einer Herrscherin mit absolutistischen Zügen, gefährlich und gefährdet zugleich. Im Rahmen einer Dokumentarfilmreihe mit Peter Ustinov wollte die BBC am 31. Oktober 1984 ein Live-Interview des Schauspielers mit Indira Gandhi senden. Während Ustinov auf die Premierministerin wartete, sprach er frei in die Kamera: »Hier stehe ich also im Garten von Indira Gandhi. Es sind Vögel in den Bäumen. Wächter stehen in den Winkeln. Es ist ruhig.« Plötzlich entstand Lärm, Panik. Ustinov: »Als ich eben sagte, es sei nichts Ernstes geschehen, habe ich mir selbst nicht geglaubt. Auf Indira Gandhi ist soeben geschossen worden. Die Wächter stehen nicht mehr in den Winkeln. Aber die Vögel sind noch in den Bäumen.« Auf dem Weg zum Interview war Indira Gandhi im Vorgarten ihres Hauses von zwei Sikhs aus ihrer Leibgarde erschossen worden.

Viel hatte Indira Gandhi während ihrer zwei Amtszeiten erreicht. Dennoch blieb der Vorwurf nicht aus, dass sie sich mit ihrer Politik zunehmend von ihren Idealen entfernt hatte. Sie war zu einer Herrscherin geworden mit absolutistischen Zügen, gefährlich und gefährdet zugleich.

Noch am Todestag Indira Gandhis wurde ihr Sohn Rajiv ohne demokratisches Verfahren als neuer Premierminister vereidigt. Am 21. Mai 1991 riss eine Sprengladung, die eine unmittelbar neben ihm stehende Frau zündete, auch ihn mit in den Tod. So endete die Ära der Nehru-Dynastie in Indien.

Die eiserne Lady

---1925 – 2013---

Margaret Thatcher

Gefragt, ob sie außer ihrem Beruf noch andere Interessen habe, Chorsingen vielleicht oder Handarbeit, soll Margaret Thatcher, die damals noch Roberts hieß, mit fester Stimme gesagt haben: »Ich interessiere mich für Politik. Das ist alles.« Da war sie Anfang zwanzig. Wer eine derartige Passion für Politik entwickelt wie diese Frau, für den ist Politik nicht nur alles, sondern tatsächlich alles auch Politik. Die Worte fielen Ende der 1940er Jahre, doch muten sie an wie eine Vorwegnahme der Ende der 1960er Jahre in Mode gekommenen Auffassung der politischen Linken, wonach alles, auch das Private, politisch sei. Margaret Thatcher aber war von Anfang an eine Konservative und in den Augen der Linken sogar das personifizierte Böse.

Die Tochter einer Schneiderin und eines Kolonialwarenhändlers, der sich als methodistischer Laienprediger engagierte und eine Zeitlang Bürgermeister seines Heimatortes war, war äußerst intelligent, diszipliniert und fleißig, hielt gerne Reden und wusste schon früh, was sie wollte. Ihre Eltern ließen sie nicht nur gewähren, sondern erzogen sie geradezu dahingehend, ihre eigenen Entscheidungen zu treffen, wie sie sich später erinnerte: »Du tust etwas nicht, weil deine Freunde es so machen. Du tust es, weil es das Beste ist … Folge nicht der Menge, habe keine Angst davor, anders zu sein. Du entscheidest, was du tun musst, und falls notwendig, gehst du der Menge voran. Aber niemals schließt du dich einfach an.« Von ihrem Vater habe sie gelernt, dass es im Leben auf den Charakter ankomme und dass der Charakter daraus erwächst, was eine(r) aus sich macht. Dank eines Stipendiums konnte Margaret die Mädchenoberschule besuchen und studierte anschließend Chemie am Somerville College in Oxford. Nach dem Abschluss arbeitete sie als Chemikerin für BX Plastics und war dort an der Entwicklung des Softeises beteiligt. Parallel setzte sie ihr Studium fort und machte ihren Master.

Schon während ihres Studiums war Margaret Roberts Mitglied der *Conservative Association*. Bereits 1949 kandidierte sie für die Unterhauswahl in Dartford, Kent. Ihr Wahlprogramm war so schlicht wie einprägsam: »Lassen Sie sich nicht von der hohen Sprache der Wirtschaftsfachleute und Minister

»Eiserne Lady« mit Handtasche:
Margaret Thatcher vor den Houses of Parliament
Ende der 1960er Jahre.

einschüchtern, sondern denken Sie über Politik auf dem Niveau der Hausfrau nach«, predigte sie. »Wir Frauen sind es, die den Geldbeutel aufschnüren, wir sind es, die in den Gemeinde- oder Kirchenräten sitzen und sich um die Kinder kümmern, und das alles aus freien Stücken, ohne dafür einen Penny vom Staat zu bekommen. Das bringt schwerwiegende Verantwortung mit sich, deshalb sollten wir uns darum kümmern, dass Verantwortungsgefühl und Unternehmergeist in diesem Lande niemals aussterben.«

Wer darin Anklänge an die britische Frauenwahlrechtsbewegung wahrnahm, hatte richtig gehört, und sie waren von der Kandidatin auch durchaus beabsichtigt. Nur dass sie damit andere Ziele verfolgte als die später einsetzende zweite Frauenbewegung. Margaret Thatcher, wie sie seit ihrer Heirat mit dem wohlhabenden, bereits einmal geschiedenen Unternehmer Denis Thatcher hieß, war eine Frau aus dem Volk und bekannte sich zu ihrem Populismus: »Ich würde sagen, viele der Dinge, die ich gesagt habe, bringen eine Saite in den Herzen der einfachen Leute zum Klingen.« Wer ihr nicht wohlgesinnt war, entdeckte darin die Weltanschauung einer Krämertochter, die sie noch geblieben sei, als sie später als erste Premierministerin des Vereinigten Königreichs die Wirtschaft des Landes umkrempelte, dabei keinerlei Rücksicht auf herkömmliche Privilegien nahm und, wie ihre linken Kritiker meinten, die soziale Struktur des Landes zerstörte. Doch auf die war es ihr ohnehin nie angekommen: Nur wer in der Lage ist, auf eigenen Füßen zu stehen, für sich und seine Angehörigen selbst zu sorgen, könne auch ein verantwortungsbewusster Bürger sein, lautete ihr Credo.

Ihre Gegner saßen anfangs nicht nur in der Labour-Partei, sondern auch in den eigenen Reihen. Sie sahen in ihr eine unerschrockene Aufsteigerin mit primanerhafter Ausstrahlung, und das war keineswegs als Kompliment gemeint. Sie gehörte eben nicht zum Establishment, aus dem sich das politische Personal der Konservativen gewöhnlich rekrutierte. Auf wenig Anklang stießen auch ihre Wahlkampfmethoden. Die jüngste Kandidatin der Konservativen wartete nicht darauf, dass die Menschen zu ihr kamen, sondern ging dorthin, wo sie mögliche Wähler vermutete: zu den Teestunden der Frauen und sogar in die Clubs der Arbeiter. Selbst den Straßenwahlkampf scheute sie nicht. Die Herzen der Menschen versuchte sie nicht nur durch mit jugendlichem Charme vorgetragene Reden zu gewinnen, sondern etwa auch, indem sie unter den Anwesenden, von den Kindern bis zu den Senioren, einen Conga anführte, einen groß in Mode stehenden, für damalige Verhältnisse geradezu wilden brasilianischen Tanz. Unter Anspielung auf die noch aus viktorianischen Zeiten stammende Wendung vom »Angel in the house« (als Bezeichnung für die Hausfrau) nannte man sie einen Engel, der dorthin geht, wo sich die anderen Konservativen, die Tories, aus Furcht nicht blicken ließen.

Dennoch unterlag sie bei ihrer ersten Wahl dem Kandidaten der Labour-Partei, auch wenn sie ein respektables Ergebnis erzielte. Es sollten fast zehn Jahre vergehen, bis sie 1959 für den Wahlkreis Finchley im Norden Londons ins britische Unterhaus einzog. In der Zwischenzeit absolvierte sie ein Jurastudium, arbeitete vorübergehend als Anwältin für Steuerrecht und gebar die Zwillinge Mark und Carol. Als Barriere schlechthin auf ihrem Weg in die Politik stellte sich der Umstand heraus, dass sie nicht nur eine Frau, sondern eine verheiratete Frau und zudem Mutter zweier Kinder war. »A mother's place is in the home and not in the House« (Der Platz einer Mutter ist zu Hause und nicht im Parlament), schallte es ihr entgegen. Lange Zeit wusste sie darauf keine rechte Antwort und neigte zu der Ansicht, dass eben doch nicht Leistung und Leidenschaft ausschlaggebend waren, wie sie angenommen hatte, sondern die Zugehörigkeit zum Establishment. Schließlich gelang es ihr jedoch, die Schwäche in einen Trumpf zu verwandeln. Ihre Diskriminierung als Frau machte sie zumindest hinter verschlossenen Türen zu einem Thema innerhalb der Partei; vor allem aber nutzte sie es geschickt aus, dass ihre Kollegen, aber auch die Medien und nicht zuletzt die Wähler kaum Erfahrungen mit Frauen in der Politik hatten. Schon gar nicht mit solchen aus der unteren Mittelschicht. Margaret Thatcher wurde notorisch unterschätzt, während ihre Direktheit alle überrumpelte und perplex zurückließ. Als sie 1975 den zehn Jahre älteren Edward Heath in einer Kampfabstimmung als Parteiführerin ablöste, hatten plötzlich ausgerechnet die Konservativen als erste Partei in einem Industrieland eine Frau an die Parteispitze gewählt. Nachdem sich der erste Schrecken gelegt hatte, klopften sich die Tories für den bewiesenen Mut auf die Schulter und sprachen vom Durchbruch von Women's Lib innerhalb der konservativen Partei.

Heath, der die Ablösung durch Thatcher nie verwand, hatte sie anfangs sehr unterstützt. Wie sie stammte er aus einfachen Verhältnissen; beider Väter verband, dass sie sich mit Disziplin und Fleiß hochgearbeitet hatten. Zudem war Heath homosexuell, was er zeitlebens geflissentlich verheimlichte, obwohl es in der Partei ein offenes Geheimnis war. Heath teilte mit Margaret Thatcher das Bewusstsein vom hochintelligenten, machtbewussten Underdog, der das Establishment für sich gewann, obwohl er wusste, dass er letztlich nicht dazugehörte und sein Erfolg nur geliehen war, die anderen jedoch auf seine Intelligenz und Ausstrahlungskraft ebenso wenig verzichten konnten wie er auf ihre Loyalität.

Von ihrem Vater hatte Margaret Thatcher gelernt, dass es im Leben letztlich um einen Kampf zwischen den Kräften des Lichts und der Finsternis geht, in dem es keinerlei Kompromisse gibt. »Ich bin in der Politik wegen des Kampfes zwischen Gut und Böse, und ich glaube, dass am Ende das Gute triumphieren wird.« Das Böse, das waren für Margaret Thatcher national die Gewerkschaften und weltpolitisch die sowjetische Staatsführung. Die Männer im Politbüro, so behauptete sie, stellten Gewehre über Butter, während man hierzulande fast alles über Gewehre stellte. (Das war auch eine Replik auf die Nazi-Parole: »Gewehre werden uns stark machen; Butter wird uns nur fett machen.«) Die Sowjets nannten Thatcher daraufhin »eiserne Lady«, was ihr durchaus schmeichelte.

»Jeder Mensch erfindet sich früher oder später eine Geschichte, die er für sein Leben hält«, hat der Schriftsteller Max Frisch gemeint. Handelt es sich um Geschichten von Politikerinnen bzw. Politikern, sind die Anforderungen daran besonders hoch; schließlich sollen sie für eine qualifizierte Mehrheit der Bevölkerung Überzeugungskraft besitzen. Besonders erfolgversprechende Geschichten verknüpfen drei Erzählstränge plausibel miteinander: die Protagonistin als Heldin, der Gegner als Bösewicht und die Zukunft. Margaret Thatcher gelang das auf perfekte Weise. Die Heldin, das war sie selbst, allein schon aufgrund dessen, was sie für alle sichtbar aus sich gemacht hatte. Der Gegner, das waren all jene, die in ihren Augen den Niedergang Großbritanniens herbeigeführt hatten und ihn nicht aufhielten. Und ihre Geschichte über die Zukunft bezog auch bei ihr die Vergangenheit mit ein: Die Eigenschaften, die Großbritannien groß gemacht hatten, sollten es auch wieder aus der Krise der Gegenwart herausführen. Es waren jene Eigenschaften, die sie in ihrer eigenen Person verkörperte: Mut, Risikobereitschaft, Verantwortungsgefühl, Unabhängigkeit und Durchsetzungskraft.

Die Unvorhergesehene

*1954

Angela Merkel

1954, auf dem Höhepunkt des Kalten Krieges, übersiedelte der evangelische Pfarrer Horst Kasner zusammen mit seiner Frau, einer Lehrerin, von West- nach Ostdeutschland, um eine Pfarrei im brandenburgischen Dorf Quitzow zu übernehmen. Mit im Umzugsgepäck war die damals erst einige Wochen alte Tochter Angela, die noch in Hamburg-Barmbek zur Welt gekommen war. Die Pfarrersfamilie verkörperte die in der DDR nicht mehr erwünschte Bürgerlichkeit. Der Vater, der schon bald zum Leiter des Pastoralkollegs in Templin aufstieg, vermied indes alles, was als Konfrontationskurs zum Regime verstanden werden konnte. So viel Loyalität zur SED-Staatsmacht zahlte sich aus, auch für die mittlerweile drei Kasner-Kinder. Angela konnte die Erweiterte Oberschule in Templin besuchen, wo sie 1973 als Klassenbeste das Abitur mit 1,0 ablegte. Als Ehefrau eines Pfarrers durfte die Mutter, immerhin Studienrätin, allerdings in keiner Schule des sozialistischen Bildungssystems unterrichten. Beinahe hätte sich Angela mit ihrer Teilnahme an einer »Kulturstunde«, in der die Internationale auf Englisch intoniert und Christian Morgensterns Gedicht vom Leben eines Mops rezitiert wurde, noch die Zulassung zum Studium verbaut, aber auch durch die Intervention ihres Vaters konnte der Verweis verhindert werden. Nach der Schule ging sie, wie es ihr Wunsch war, zum Physikstudium an die Leipziger Karl-Marx-Universität, ein guter Ausgangspunkt für eine naturwissenschaftliche Karriere in der DDR.

Bei einem Studentenaustausch in Moskau lernte Angela Kasner den Physikstudenten Ulrich Merkel kennen. Die beiden wurden ein Paar und 1977 von einem jungen Kollegen von Angelas Vater getraut. Nach ihrer Diplomprüfung ging Angela Merkel mit ihrem Mann nach Ostberlin und nahm dort eine Stelle am Zentralinstitut für physikalische Chemie der Akademie der Wissenschaften an. Schon während ihrer Schulzeit war sie Mitglied der Jugendorganisation der DDR, der FDJ, gewesen und engagierte sich nun wiederum in der FDJ-Gruppe der Akademie, als »Kulturreferentin«, wie sie selbst sagt, als »Sekretärin für Agitation und Propaganda«, wie sich andere erinnern, was auch besser zu ihrer

Vom Umgang mit der Macht

Forbes kürte sie fünfmal zur »mächtigsten Frau der Welt«:
Von 2005 – 2021 war Angela Merkel die erste Frau im Amt des deutschen Bundeskanzlers.

späteren Tätigkeit als Pressesprecherin des *Demokratischen Aufbruchs* passt. 1981 trennte sie sich von Ulrich Merkel: »Eines Tages packte sie ihre Sachen und zog aus unserer gemeinsamen Wohnung aus. Sie hatte das mit sich selbst ausgemacht und dann die Konsequenzen gezogen«, erinnert sich Ulrich Merkel. In einem Akt der Selbsthilfe besetzte sie eine leerstehende, heruntergekommene Altbauwohnung – zahlte aber anonym die übliche Miete auf ein kommunales Bankkonto ein. Nachträglich wurde das Mietverhältnis legalisiert. An der Akademie lernte sie den Quantenchemiker Joachim Sauer kennen, der ihr bei der Durchsicht ihrer Dissertation half und mit dem sie bis heute verheiratet ist. Sauer war an der Akademie wegen seiner wissenschaftlichen Qualifikation anerkannt, ohne dass er irgendwelche politischen Zugeständnisse gemacht hätte. Dafür war ihm Angela Merkels Bewunderung sicher.

Während ihre 1986 eingereichte Doktorarbeit über ein Thema aus dem Bereich der Quantenphysik und theoretischen Chemie mit *magna cum laude* (sehr gut) bewertet wurde, reichte es beim Nachweis der Kenntnisse des Marxismus-Leninismus, der in der DDR dem Promotionsantrag beizufügen war, gerade zu einem *rite* (genügend). Sie sei nie unpolitisch gewesen, meinte Angela Merkel später, nur eben nicht politisch aktiv. Sie habe unter der umfassenden Enge gelitten, und »darunter, dass man den ganzen Tag irgendwas plappern musste«, sagte sie 2009. Wenn sie heute allein diese Sprache der sozialistischen Phrasendrescher höre! »Mit der mussten wir uns damals jeden Tag beschäftigen. Ein Wunder, wie man das überhaupt wieder verlernen konnte.« Gelitten habe sie auch darunter, dass von der Tischdecke bis zur Gardine alles hässlich war.

»Sie gehörte nicht zu den ersten 500, nicht zu den ersten 5000, nicht zu den 50 000, nicht mal zu den zwei Millionen, die vor dem 9. November auf der Straße waren«, sagt Rainer Eppelmann, der 1989 Kreisjugendpfarrer in Berlin-Friedrichshain und Gründungsmitglied des *Demokratischen Aufbruchs* war, zu dem Angela Merkel im Dezember stieß. Nach eigener Aussage konnte sie mit vielen Leuten in der Berliner Bürgerbewegung nichts anfangen. Sie wunderte sich, dass alle so bekümmert waren, weil nach dem Mauerfall der Dritte Weg verschüttet sei. Sie dagegen freute sich über die neuen Möglichkeiten. »Meine Entscheidung, in die Politik zu gehen, ist wirklich den chaotischen Umständen geschuldet«, resümierte sie zwanzig Jahre später. »Ich glaube nicht, dass ich unter den Verhältnissen des Westens Politikerin geworden wäre. Da wäre ich vielleicht Lehrerin geworden oder Dolmetscherin. Es ist einfach so viel passiert, so schnell und so überraschend.« Ist Angela Merkel, wie ihr viele vorgeworfen haben, also lediglich eine Verkörperung der Umstände – eine Frau ohne

Eigenschaften, die nur über die Zeit beschrieben werden kann, in der sie lebt?

Der Intendant und Schriftsteller Michael Schindhelm, der Angela Merkel an der Akademie kennengelernt hatte, spricht von einem »Gefühl der unvollständigen kulturellen und politischen Identität« als Erbe der DDR-Vergangenheit. Jeder habe in seiner Nische überwintert, in der sich alle, wie Schindhelm es formuliert, in einer Art Speicherschlaf befunden hätten. Die Nische sei der Inkubator für ihr heutiges Leben gewesen.

Vielleicht hat Angela Merkel die unbändige Energie, mit der sie seitdem ihre politische Laufbahn vorangetrieben hat, in der langen Zeit vor der Wende akkumuliert und konnte danach aus einem großen Reservoir schöpfen. Während ihrer zwölf Jahre als Physikerin blieb sie in jeder Hinsicht weitgehend unauffällig – der Prototyp »einer illusionslosen Jung-Wissenschaftlerin« zu DDR-Zeiten. Als ihr Vater sie an ihrem dreißigsten Geburtstag in ihrer improvisiert eingerichteten Berliner Wohnung besuchte, sollen die Worte gefallen sein: »Weit hast du es noch nicht gebracht!« Sie dürfte daraus den Schluss gezogen haben, dass sie sich noch energischer von der Welt ihres tief ins DDR-System verstrickten Vaters emanzipieren musste. Sie wollte ihm beweisen, dass sie es alleine schaffte, ohne seinen Weg einzuschlagen.

1989, dem Jahr der Wende, war Angela Merkel bereits Mitte dreißig, hatte aber immer noch die Ausstrahlung einer Studentin. Rückblickend meinte sie, es sei für sie immer klar gewesen, käme es zu demokratischen Verhältnissen in der DDR, wolle sie nicht in ihrem Beruf als Wissenschaftlerin bleiben, sondern politisch aktiv sein. Doch wo und wie? Nach einer Zeit des tastenden Herumsuchens entschied sie sich Ende Dezember 1989 für den *Demokratischen Aufbruch* (DA), der sich im Oktober auf die Initiative insbesondere von Kirchenvertretern konstituiert hatte. Die Atmosphäre dort mag ihr vertraut gewesen sein. Aber sie hatte auch den Eindruck, hier willkommen zu sein und gebraucht zu werden. Eine ihrer ersten Tätigkeiten bestand darin, die neuen Computer, die gerade aus dem Westen angekommen waren, auszupacken und anzuschließen – Computer, die sie während der Arbeit an ihrer Dissertation schmerzlich vermisst hatte. Angela Merkel selbst spricht davon, dass sie für wichtige Entscheidungen beachtliche Anlaufzeiten benötigt und versucht, »möglichst viel vorher zu bedenken«. Aber im entscheidenden Moment sei sie dann mutig.

Jedenfalls ging es jetzt Schlag auf Schlag: Sie wuchs in die Rolle der Pressesprecherin des DA hinein, der gerade eine politische Umorientierung durchlief, die Angela Merkel genehm war: weg vom Sozialismus, hin zur Marktwirtschaft, mit dem damals noch heftig umstrittenen Ziel der deutschen Einheit. Der DA trat in das Bündnis »Allianz für Deutschland« mit der CDU ein, das die

Volkskammerwahlen vom März 1990 gewann. Der erste Mann der DDR war nun Lothar de Maizière, und Angela Merkel wurde seine stellvertretende Regierungssprecherin. Beim sogenannten Vereinigungsparteitag der CDU Anfang Oktober 1990 ließ sie sich Helmut Kohl vorstellen, der sich zu einem längeren Gespräch mit ihr zurückzog. Zwei Monate später gewann sie bei der ersten gesamtdeutschen Bundestagswahl in ihrem Wahlkreis und zog als CDU-Abgeordnete in den Bundestag ein. Völlig unerwartet nominierte Helmut Kohl sie als Bundesministerin für Familie und Jugend. »Plötzlich saß ich«, so Angela Merkel in der Rückschau, »mit all den Leuten am Tisch, die ich mein Leben lang im Fernsehen gesehen hatte.« Nach einer langen Zeit des Beinahe-Stillstands und

Angela Merkel geht voraus: (v. l.) José Barroso, Wladimir Putin,
Stephen Harper, Tony Blair, Nicolas Sarkozy, Shinzō Abe, Romano Prodi
und George W. Bush folgen Angela Merkel während des
G8-Gipfels 2007 in Heiligendamm.

des Ausharrens hatten sich die Ereignisse überschlagen. Gerade ein Jahr war seit dem Moment vergangen, in dem sie zum ersten Mal die kleine Zentrale des *Demokratischen Aufbruchs* in der Ostberliner Marienburger Straße betreten hatte. Angela Merkel hatte die Macht von der Straße aufgehoben, die die Revolutionäre des Jahres 1989 dort hatten liegen lassen.

Im April 2000 wurde Angela Merkel zur neuen Bundesvorsitzenden der CDU gewählt, 2002 wurde sie Oppositionsführerin, 2005 dann die erste Frau im Amt des deutschen Bundeskanzlers. Mit einundfünfzig Jahren war sie zudem die jüngste Bundeskanzlerin, die Deutschland jemals hatte. Ein Jahr zuvor, im Juni 2004, war den Unionspolitikern und anderen Prominenten eine Einladung zu einer Tagung mit dem bekannten Frankfurter Hirnforscher Wolf Singer als Referenten zugegangen. Als Thema war angekündigt: »Das Gehirn. Ein Beispiel zur Selbstorganisation komplexer Systeme«. Lediglich dem Kleingedruckten war zu entnehmen, dass es sich um die offizielle Feier von Angela Merkels fünfzigstem Geburtstag handelte. War das ein Akt der Bescheidenheit einer spät Angekommenen in der Politik, die sich immer noch als Lernende begriff? Oder eine Manifestation der Stärke einer Frau, die auch als Politikerin der Rationalität des naturwissenschaftlichen Denkens treu geblieben war, einer »Physikerin der Macht«, wie der Stern sie einmal genannt hat? Merkels Entscheidung für diese Form und dieses Thema war jedenfalls eine Absage an den klassischen, auf traditionelle Werte und Verhaltensmuster verpflichteten Politikstil der CDU. Ihre Art, die Dinge anzugehen, war nicht »von oben herab« wie die von Ideologen und Überzeugungstätern, sondern »von unten herauf« wie die von Wissenschaftlern: Statt sich auf bestimmte Überzeugungen und Ziele festzulegen und Mittel und Wege für deren Umsetzung zu suchen, orientierte sie sich an konkreten Fragen und Problemen und versuchte, dafür passende Lösungen und Regeln zu erarbeiten. Ihr auf Helmut Schmidt gemünzter Satz, dass die Leistungen dieses Bundeskanzlers sich in den Krisen zeigten, die er zu bewältigen hatte, galt fast noch mehr für sie selbst. Banken- und Finanzkrise, Euro-Krise, das Atomunglück von Fukushima, die Annexion der Krim, die Flüchtlingsfrage, zuletzt Corona: Der Wille zur Kontinuität, der sie 16 Jahre im Amt hielt, hatte nicht zuletzt damit zu tun, dass die Mehrheit der Deutschen ihrem rationalen Pragmatismus in einer Zeit unerwarteter Herausforderungen und fehlender Lösungen vertraute. Unverkennbar erwuchs die Stärke der laut Forbes »mächtigsten Frau der Welt« dabei aus ihrer Rolle als dreifacher Außenseiterin: Unter den maßgeblichen Akteuren der deutschen Politiker war sie die einzige Ostdeutsche, unter den vielen Juristen im Bundestag eine Naturwissenschaftlerin und in einer immer noch von Männern bestimmten Welt der Macht eine der wenigen Frauen. Wie andere politisch erfolgreiche Frauen wurde sie von den Männern stets unterschätzt. Viele, die dachten, sie würden an ihr vorbeiziehen (auch aus der eigenen Partei), fanden sich – in der Sprache des Fußballs gesagt, dessen begeisterte Zuschauerin sie ist – entweder auf der Reservebank wieder oder wurden für alle Zeiten ausgewechselt.

Wie schon bei Margaret Thatcher hat die linke Szene irritiert, dass ausgerechnet die konservative CDU die erste Frau im deutschen Kanzleramt stellt. Kommt das bürgerliche Milieu den Unabhängigkeitsbestrebungen von Frauen womöglich stärker entgegen und kann sich besser darauf einstellen als andere? Zwar war mit Angela Merkel nicht gerade eine Feministin an die Macht gekommen, aber auch keine Frau, die sichtbar einer traditionellen Frauenrolle, sei es der der Mutter, der fürsorglichen Gattin, die dem Mann den Rücken frei hält, der Schwester oder der Diva verhaftet war. Mit großer Disziplin, Durchsetzungskraft und einer gewissen Verschlossenheit demonstrierte sie ihren Landsleuten, was es heißen kann, jenseits herkömmlicher Zuschreibungen und Erwartungen als Frau erfolgreich und über die Landesgrenzen hinaus anerkannt zu sein.

Die Werdende

*1964

Michelle Obama

»Sein Leben ist ein offenes Buch«, hat Michelle Obama über ihren Mann Barack Obama gesagt. »Er hat es geschrieben, und Sie können es lesen.« Der 44. Präsident der Vereinigten Staaten – der erste Schwarze in diesem Amt – wollte eigentlich Schriftsteller werden. Mit 33 Jahren veröffentlichte er eine Geschichte seiner Familie: *Dreams from my Father: A Story of Race and Inheritance*. Nicht wenige halten dieses erste auch für sein bestes Buch. Sicher ist es eines der stärksten Bücher über Selbstfindung von einem »political animal«, in diesem Fall besonders authentisch, da es geschrieben wurde, bevor Obama in die Politik ging. Als es erschien, war Barack Obama bereits mit der ehrgeizigen jungen Rechtsanwältin Michelle Robinson verheiratet. Die beiden hatten sich 1989 in Chicago kennengelernt. Obama, damals Student der Harvard Law School, absolvierte dort in der Kanzlei Sidley Austin gerade ein Praktikum. Die gut zwei Jahre jüngere Frau war seine Mentorin. »Ich stehe bis zu einem gewissen Grad symbolisch für viele der Veränderungen, die erreicht wurden«, hat Barack Obama später zu einem Reporter gesagt. Das trifft genauso für seine Frau Michelle zu. Und es gibt eine weitere Parallele: Nicht nur er, auch sie hat sich selbst in diese Rolle versetzt, indem sie darüber ein Buch schrieb.

Becoming erschien im November 2018, zeitgleich in 24 Ländern – 20 Monate nach Präsident Obamas Abschiedsrede, die er dort hielt, wo alles begann: in Chicago; und zwei Jahre vor der Publikation seiner eigenen Memoiren im November 2020. (Da war Trump schon abgewählt.) Sollte Michelle Obama den Ehrgeiz besessen haben, es ihrem Mann als Autorin zumindest gleich zu tun, so darf man ihr zugestehen, ihn in seinem ursprünglichen Metier, der Schriftstellerei, sogar noch übertroffen zu haben. Bei aller Qualität von *Ein amerikanischer Traum. Die Geschichte meiner Familie* – Michelle Obama erweist sich als die bessere Geschichtenerzählerin der beiden, ihr Buch ist witzig, häufig selbstironisch, und vor allem gelingt es ihr, Ereignisse, deren Ausgang ja bekannt ist, so frisch, empathisch und mit einem überraschenden Grad an Spannung zu erzählen, dass man als Leserin bzw. Leser regelrecht gefesselt ist. Dass sie sich dafür literarische Unterstützung geholt hat, mindert den Respekt vor dieser Leistung

Die Obamas im Rosengarten des Weißen Hauses, Ostersonntag, 5. April 2015.

keineswegs, sondern steigert nur noch die Bewunderung angesichts eines solchen Ausmaßes an Professionalität und Selbstbewusstsein.

Eine Schlüsselstelle in *Becoming*, um den Eifer und die Zielstrebigkeit zu verstehen, mit der die Präsidentengattin an die Sache herangegangen ist, ist ihre Schilderung von Baracks mehrwöchiger Abwesenheit im Anschluss an ihre Hochzeitsreise im Jahr 1992. Über seinem leidenschaftlichen Engagement für die Organisation »Project VOTE« in Chicago hatte Michelles frisch angetrauter Ehemann nämlich den Abgabetermin für das Manuskript von *Dreams of my Father* gerissen. »Project VOTE« war eine Herzensangelegenheit des jungen Obama: Es ging um die Mobilisierung, konkret um die Registrierung insbesondere afroamerikanischer Wählerinnen und Wähler, die bislang von ihrem Recht keinen Gebrauch gemacht hatten. »Wählen ist Macht«, war Obamas Überzeugung. Der Verleger aber hatte dafür wenig Verständnis. Er kündigte den Vertrag und verlangte die Rückzahlung der 40 000 Dollar Vorschuss – ein Betrag, den Barack Obama in dieser Lebensphase unmöglich aufbringen konnte. Einziger Ausweg: eine Erstfassung des Buches möglichst schnell fertigzustellen. Die Gelegenheit dafür war günstig, da er momentan beruflich einigermaßen ungebunden war. Seine Idee, eines Thoreau würdig und der Traum vieler angehender Schriftstellerinnen und Schriftsteller: eine Hütte, um in völliger Abgeschiedenheit und ohne Alltagsablenkungen ans Werk zu gehen. Das eröffnete er seiner Frau eines Abends, kaum sechs Wochen nach ihrer Hochzeit. »Das Beste sparte er sich allerdings bis zum Schluss auf«, schildert Michelle die Szene: »Seine Mutter habe schon das perfekte Schreibdomizil für ihn gefunden. Nicht nur das, sie habe die kleine Hütte auch gleich angemietet. Sie sei günstig, ruhig und am Strand gelegen. In Sanur. Auf Bali. Also in Indonesien. Etwa neuntausend Meilen weit weg von mir.« »Flitterwochen mit sich selbst«, direkt nach den Flitterwochen mit mir – lautet Michelles durchaus bitteres Resümee in *Becoming*.

Doch auch Michelle Obama hat sich solche Flitterwochen mit sich selbst gegönnt – allerdings nachträglich, beinahe ein Vierteljahrhundert später: nachdem sie zwei Kinder zur Welt gebracht hatte – aufgrund einer vorangegangenen Fehlgeburt und einer erfolglosen Fruchtbarkeitsbehandlung mithilfe von In-vitro-Fertilisation. Und nachdem sie diese Kinder großgezogen, mit ihrem ständig abwesenden Mann eine Eheberatung absolviert und acht komplizierte Jahre in der Blase des Weißen Hauses gelebt und sich dabei erfolgreich gegen das Klischee der Präsidentengattin als Püppchen-Ehefrau und ewiger Jasagerin zur Wehr gesetzt hatte. In der Effektivität, mit der die beiden Obamas ihre Auszeit genutzt haben, gleichen sie sich: Beide Bücher wurden Bestseller, ihres mit über 17 Millionen verkauften Exemplaren allerdings noch ein sehr viel größerer. Aber im Ergebnis unterscheiden sie sich. Wohl handelt die Geschichte, die Michelle zu erzählen hat, auch von »Race and Inheritance«, von Hautfarbe und Herkunft. Keineswegs unterschlägt sie die besonderen Zwänge, Risiken und Spannungsmomente, denen Schwarze Frauen bei ihrer Selbstfindung ausgesetzt sind, und stellt ihr Unterfangen damit ausdrücklich in die Tradition von Zora Neal Hurstons berühmtem Essay aus dem Jahr 1928 »How It Feels to Be Colored Me«. Aber *Becoming* lässt sich darauf genauso wenig reduzieren wie auf die Absicht, die das eigentliche Erfolgsgeheimnis ihres Buches ausmacht, nämlich Mutterschaft und Familie auf der einen und weibliche Selbstfindung und Autonomie auf der anderen Seite zusammenzuführen; jene beiden Seiten, die in der »Frauenliteratur« wie im Feminismus allzu lange als Alternative, wenn nicht sogar als unvereinbar galten.

Der eigentliche Antrieb von *Becoming* ist jedoch ein anderer. Er ist mit dem Titel bezeichnet, den das Buch in den Überschriften seiner drei Teile aufnimmt: »Becoming me«, »Becoming us«, »Becoming more«, lauten sie: »Ich werden«, »Wir werden«, »Mehr werden«. Michelle Obamas Buch lebt von der Überzeugung, dass die Rollen der Ehefrau und der Mutter genauso wenig festgelegt sind wie die vielen anderen Rollen, die wir in unserem Leben von Kindesbeinen bis zum Sterbebett spielen. Ständig müssen wir uns neu erfinden, in Auseinandersetzung mit den anderen, den Gegebenheiten und nicht zuletzt mit uns selbst – den Erwartungen an uns selbst und den Träumen, die wir haben. Das ist ungeheuer anstrengend. Aber auch sehr aufregend. Es ist die uns gemäße Form der Freiheit, die wir ausschlagen können, aber nicht sollten, denn das brächte uns um das Beste, was wir im Leben haben. »Für mich geht es beim ›Werden‹ nicht darum, irgendwo anzukommen oder ein bestimmtes Ziel zu erreichen«, resümiert Michelle Obama ihre fundamentale Einsicht, die sie exemplarisch an ihrem eigenen Lebensweg entfaltet. »Ich sehe es vielmehr als Vorwärtsbewegung, als Mittel der Entfaltung, als Weg des ständigen Strebens nach einem besseren Ich. Diese Reise endet nicht.« Von der ersten bis zur letzten Seite ihres Buches an lässt sie uns, ihre Leserinnen und Leser, an dem »sound of striving«, dem Klang des unermüdlichen Strebens teilhaben, wie es gleich zu Anfang heißt. Sie nennt ihn auch den Soundtrack ihres Lebens. Und sie weiß: »Werden verlangt Geduld und Strenge zu gleichen Teilen. Werden heißt, niemals von dem Gedanken abzulassen, dass man noch weiter wachsen muss«. Wachsen *muss*, nicht kann.

Das geht natürlich nicht ohne Konflikte und Verletzungen, nicht ohne Fehlschläge und zuweilen Zorn ab. In mancher Hinsicht, und bei aller Dankbarkeit, ist ihr Buch auch eine Abrechnung, mit der Politik, ihren niederträchtigen

Machenschaften und ihren Lügen sowieso, aber auch mit den eigenen Illusionen. In einer bewegenden Szene sitzt sie mit ihrer Mutter in einem Auto. Auch Marian Robinson hatte für das Wohlergehen ihrer beiden Kinder beinahe alles geopfert, und die Tochter ist der Mutter darin nachgefolgt. Und nun gesteht Michelle ihr, dass sich das alles, der Erfolg, schal anfühle. Sie empfindet Scham. Und zieht letztlich den Schluss, dass es nur einen einzigen Maßstab für Erfolg gibt: den eigenen. Wie ein Echo darauf wirkt das Geständnis der Mutter: Jedes Jahr, wenn der Frühling kam und es in Chicago wärmer wurde, habe sie darüber nachgedacht, ihren Vater zu verlassen. Der Tochter ist nicht klar, wie ernst diese Überlegungen gemeint sind und wie lange sie anhielten. Auf jeden Fall war es für ihre Mutter eine konkrete Fantasie, etwas, »das sie sich gerne durch den Kopf gehen ließ und das ihr vielleicht sogar Energie verlieh, beinahe wie ein Ritual«.

Michelle Obama, empathische und kluge Rednerin, hier bei einer Wahlkampfveranstaltung ihres Mannes Barack Obama am 22. Juni 2007 in Council Bluffs, Iowa.

Ende Juli 2024, als ich dies schreibe, liegt das desaströse Auftreten des Amtsinhabers Joe Biden im ersten TV-Duell mit Donald Trump gerade kurze Zeit zurück. Unter den Demokraten mehren sich die Stimmen, die dem amtierenden Präsidenten, dem ehemaligen Stellvertreter Barack Obamas, nahelegen, nicht noch einmal zu kandidieren und den Weg für eine Nachfolge freizumachen. Ein Name, der dabei immer wieder genannt wird, ist der von Michelle Obama. Ihr allein traut man zu, Donald Trump zu schlagen und versucht sie daher von republikanischer Seite mit allen Mitteln zu diskreditieren. Aber sie will das Amt gar nicht ausüben. Stattdessen wird eine andere Frau nominiert, Kamala Harris, die eher blass gebliebene Vizepräsidentin von Joe Biden, die nun aber das Momentum zu nutzen scheint und von den Obamas Rückendeckung erfährt. Wer weiß, wie diese Jahrhundertwahl ausgeht. Vielleicht werden wir Kamala Harris in der nächsten Auflage dieses Buchs als Präsidentin porträtieren können.

Zum Weiterlesen

Den im Folgenden genannten Quellen verdankt der Autor entscheidende Hinweise:

――――― Kapitel 1 ―――――

Brigitte Hamann: *Bertha von Suttner. Ein Leben für den Frieden*. München 1991

Michaela Wiesner-Bangard, Ursula Welsch: *Lou Andreas-Salomé: »... wie ich Dich liebe, Rätselleben«. Eine Biographie*. Leipzig 2002

Eva Gesine Baur: *Freuds Wien. Eine Spurensuche*. München 2008

Simone de Beauvoir: *Das andere Geschlecht. Sitte und Sexus der Frau*. Reinbek 2000

Simone de Beauvoir: *Memoiren einer Tochter aus gutem Hause*. Reinbek 1968

Hannelore Schlaffer: *Die intellektuelle Ehe. Der Plan vom Leben als Paar*. München 2011

Simone de Beauvoir live. Ein Filmporträt von Alice Schwarzer. Deutschland 1974

Charlotte Kerner: *Nicht nur Madame Curie. Frauen, die den Nobelpreis bekamen*. Weinheim und Basel 1999

Margaret Mead: *Coming of Age in Samoa. A Psychological Study of Primitive Youth for Western Civilisation*. London 1929

Hannah Arendt: *Vita activa oder Vom tätigen Leben*. München 1981

Elisabeth Young-Bruehl: *Hannah Arendt. Leben, Werk und Zeit*. Frankfurt am Main 1986

――――― Kapitel 2 ―――――

Peter Ksoll, Fritz Vögtle: *Marie Curie*. Reinbek 1988

Charlotte Kerner: *Madame Curie und ihre Schwestern*. Weinheim 1997

Thomas Bührke: *Sternstunden der Physik. Von Galilei bis Lise Meitner*. München 2003

Renate Feyl: *Der lautlose Aufbruch. Frauen in der Wissenschaft*. Darmstadt und Neuwied 1983

Lise Meitner: *Die Frau in der Wissenschaft*. Audio-CD. Köln 2003

Ernst Peter Fischer erzählt: Paarläufe der Wissenschaft. Audio-CD. Köln 2006

Rachel Carson: *Der stumme Frühling*. Mit einem Vorwort von Joachim Radkau. München 2007

Joachim Radkau: *Die Ära der Ökologie. Eine Weltgeschichte*. München 2011

Siddharta Mukherjee: *Der König aller Krankheiten. Krebs – eine Biografie*. Köln 2012

Rainer Luyken: »Morphium und Nächstenliebe«, in: *Die Zeit*, 10.4.2003, Nr. 16

Gian Domenico Borasio: *Über das Sterben. Was wir wissen. Was wir tun können. Wie wir uns darauf einstellen.* München 2012

Jane's Journey. Die Lebensreise der Jane Goodall. Ein Film von Lorenz Knauer. Deutschland 2011

Maja Nielsen: *Jane Goodall und Dian Fossey.* Hildesheim 2008

Kapitel 3

Olivier Blanc: *Olympe de Gouges.* Wien 1989

Manfred Geier: *Aufklärung. Das europäische Projekt.* Reinbek 2012

Ute Gerhard: *Frauenbewegung und Feminismus. Eine Geschichte seit 1789.* München 2009

Melanie Phillips: *The Ascent of Woman. A History of the Suffragette Movement and the Ideas Behind It.* London 2003

Neil MacGregor: *Eine Geschichte der Welt in 100 Objekten.* München 2011

Simone Veil: »Wir haben unsere Mörder besiegt«, in: *Cicero. Magazin für politische Kultur*, 3. April 2009

Suzanne Krause: »›Loi Veil‹ – ein Gesetz wie kein anderes«, in: *Dokumente. Zeitschrift für den deutsch-französischen Dialog*, 1/2005

Bascha Mika: *Alice Schwarzer. Eine kritische Biographie.* Reinbek 1998

Miriam Gebhardt: *Alice im Niemandsland. Wie die deutsche Frauenbewegung die Frauen verlor.* München 2012

Kapitel 4

Nellie Bly: *Zehn Tage im Irrenhaus. Undercover in der Psychiatrie.* Berlin 2021.

Kim Todd: *Sensational. The Hidden History of America's ›Girl Stunt Reporters‹.* New York 2021.

Katy Waldman: »The Lost Legacy of the Girl Stunt Reporter«. The New Yorker, April 29, 2021,

Oriana Fallaci: *Interviews with History and Conversations with Power.* New York 2011

Margaret Talbot: »The Agitator«, in: *The New Yorker*, 5.6.2006

Susan Sontag: *Kunst und Antikunst. 24 literarische Analysen.* Frankfurt am Main 1982

Susan Sontag: *Wiedergeboren. Tagebücher 1947–1963.* München 2010

Daniel Schreiber: *Susan Sontag. Geist und Glamour. Biographie.* Berlin 2007

Norbert Schreiber: *Anna Politkowskaja. Chronik eines angekündigten Mordes.* Klagenfurt 2007

Ein Artikel zu viel. Anna Politkowskaja und das System Putin. Ein Film von Eric Bergkraut. Schweiz/Deutschland 2008

Andreas Borcholte: »Warum Taylor Swift ihr eigenes Album noch mal aufgenommen hat«. Der Spiegel, 9.4.2021.

Kapitel 5

Dieter Wunderlich: »Indira Gandhi«, in: ders.: *WageMutige Frauen*. München 2008

Dominik Geppert: *Thatchers konservative Revolution. Der Richtungswandel der britischen Tories (1975–1979)*. München 2002

Ralph Bollmann: Angela Merkel. Die Kanzlerin und ihre Zeit. Biografie. München 2021.

Michelle Obama: Becoming. Meine Geschichte. München 2018

Emily Lordi: „Reading Michelle Obama's »Becoming« as a Motherhood Memoir. The New Yorker, February 5, 2019.

Barack Obama: Ein amerikanischer Traum. Die Geschichte meiner Familie. München 2008.

David Remnick: Die Brücke. Barack Obama und die Vollendung der schwarzen Bürgerrechtsbewegung. Berlin 2012

Jill Lepore: Diese Wahrheiten. Eine Geschichte der Vereinigten Staaten von Amerika. München 2020.

Anhang

Bildnachweis

akg-images, Berlin:
10, 25, 52, 74, 121

Bridgeman Images, Berlin:
139

Bundesbildstelle im Presse- und Informationsamt der Bundesregierung, Berlin: 135

Bettina Flitner, Köln: 34

Getty Images, München:
115, 142

Interfoto, München:
6/7, 12, 22, 150/151

Michael Neugebauer, Bargteheide: 64

picture-alliance, Frankfurt am Main: 15, 37, 38, 41, 46, 62, 77, 86, 103, 127

Scala, Florenz: 69

Alice Schwarzer, EMMA, Köln: 88

Shutterstock, Berlin:
1, 58

Süddeutsche Zeitung Photo, München:
44, 132

ullstein bild, Berlin:
19, 28, 31, 53, 80, 100, 105, 109, 123

Umschlagfoto: Oriana Fallaci, 1979, akg-images/Mondadori Portfolio

Weitere Nachweise über das Bildarchiv des Elisabeth Sandmann Verlags.